Think by hands

手で考える

手と足で考える
吉松秀樹の言葉

本書について

「本をつくらないか」と相談すると、吉松秀樹から一通のLINEが届いた。そこには「課題本と語録本は？」とあった。それをきっかけに建築を通してかかわりのあるＡラボ*、研究室、友人など230名が記憶している吉松秀樹の言葉と、彼が大学で出題した設計課題を集めたのが、『手と足で考える』である。

本は2冊組になっている。本書『手で考える』には、彼の人生や仕事のターニングポイントであった35歳以上の著者の言葉にまつわる物語と設計課題が収められており、『足で考える』には、35歳未満の若い世代の物語が記されている。

書名には、「建築や街を自分の目で見て身体で感じることが大事。そして常に手を動かしながら考えていく」という彼の設計や人生に対する姿勢と想いが込められている。

『手と足で考える』出版実行委員

藝大を辞め独立してしばらく経つと、存分に話せないことが辛くなってきた。そこで、数名の研究生を公募してＡラボ*を始めた。36歳のときだ。いろいろな研究生の興味を議論して、それらをデザイン研究*と呼ぶことにした。デザインするには素直な疑問が必要だからである。とても楽しい時間だった。

デザイン研究は、東海大の研究室活動や日本女子大の設計スタジオにつながり、海外サーベイなどいろいろな展開を見せた。20年間どれもおもしろかった。興味があることしかしないのだから、当然かもしれない。

その間、デザインの技術は全て教えられないけど姿勢は示せると思い、みんなに正面から接してきた。泣かれたこともあり、怖い先生だったと思うが、みんな真剣についてきた。卒業してからも連絡してくれる人が多く、相談に乗ったり山に登ったり肉を食べたり、よく遊んでもらった。

この本は、そんな想いがみんなの今につながっているのかを書いてもらったものである。だから、僕の言葉を透かしてみんなの姿勢が見えてくる。読んでいると、本当にしあわせな先生だと思う。

吉松秀樹

*Aラボ
吉松秀樹と山家京子が主催していたプライベート・デザイン研究ゼミ。研究生は、公募によって選ばれた東京近郊の大学院生。デザイン研究と研究生たちの自主的な活動をサポートしていた。1995〜1999年まで活動。

*デザイン研究
研究生自身の興味に従ったテーマについて研究し、それらをビジュアルに記述することを目的としており、学術的な研究と実際的なデザインの中間を埋める領域としている。Ａラボで開始し、東海大学吉松研究室でも継続された。

Contents

設計課題

考える

01 目に見えるモノを信じろ 008
02 なんかおかしい 009
03 建築とは動かないものだ 010
04 正解はあると思って設計した方がいい 011
05 建築の設計は料理と同じ 012
06 思考のジャンプが必要だよ 013
07 見たときにいいと思えるかどうかなんだよ 014

境界のないイエ・ドアのないイエ 015

08 分からないことはすぐに調べる 016
09 曖昧な言葉を使わない 017
10 30分3時間 018
11 3分30分3時間3日 018
12 いくら悩んでも止まるのは瞬間 019
13 今日着る服ぐらい決められるだろ? 019
14 設計っていうのは決めることなんだ 020
15 何かひとつとびきり美味しいものを 021

即日設計のコツ 022

すまうことの意味 023

16 意識的に無意識になってみる 024
17 コピーはまずやとること 025
18 頭のいい人は「解らない」と答える 026
19 建築は動かないからいいんだ 027
20 ○○って何? 028
21 英単語は使わないこと! 028
22 感覚でしゃべってはいけない 029
23 "お勉強の文章" 029
24 素朴な質問に答えられるか? 030
25 何でもコンセプトになる 030

シモキタ・インフォ 031

26 スケッチは太いペンで描け 032
27 スケッチは太いペンで描け 032

最小限建築としての「和室でない茶室」 033

28 建築自体に裏表をつくりたくはない 034
29 うちらしくないよね 035
30 自分の地図をつくれ 036
31 数字の表を見ておもしろいと思え 037

都市または建築の境界を探せ! 038

見えなくなっている「都市の場」を発見し、デザインする 039

32 空間がない 040
33 見えるものと認識しているものは異なる 041
34 建築は社会である 042

「公」と「私」をつなげるもの 043

35 設計のプロセスはほかのことにも役立つ 044
36 設計のプロセスはほかのことにも役立つ 044
37 設計のプロセスはほかのことにも役立つ 045
38 二つの悩みをそのままにばいい 046
39 頭を柔軟に 047
40 いかに新しいものをつくり続けるか 048
41 ハマったときはヘルツォークになってみる 049
42 デザインすることには勇気が必要だ 050
43 デザインにはジャンプがあっていい 051
44 そろえるな! 052

「場」を変容させる 053

45 お前なんて、建築をやめてしまえ! 054
46 君らより僕は100倍設計できる 054
47 人真似はやめなさい 055
48 即日設計は簡単 055
49 全体のバランスを見ながら描く 056

50 鏡で全体のバランスを見て選ぶだろ 057
51 コンセプトは建築のプロセスでしかない 058
52 現実でつくれるわけがない 059
53 減額したとき 060

引き算のデザイン・足し算のデザイン 061

54 素材へのアプローチが簡単すぎる 062

マチエールのある建築 063

生きる

01 動機は不純でいい 066
02 理由なんかあとで考える 067
03 疑うこと 068
04 君のやっていることは記譜だね 069
05 何万、何億の人を豊かにする力がある 070

小学校と豊かさ 071

06 建築はなくならない 072
07 自分が建築だと思うことをすればいい 073
08 何にだって役に立つ 074
09 どんな仕事も誰かの役に立っている 075
10 常に自信をもって主張していくこと 076
11 うん? 信じればいいんだよ 076
12 この世に絶対はない 077
13 君たちは3歳 078
14 君たちは建築の世界でまだ3歳ちょっと 078
15 サラリーマンになるなら偉くなれ 079
16 サラリーマンになるなら偉くなれ 079
17 自分を刺激する場 080
18 自分を刺激する場 080

都市の場を変容させる建築環境装置 081

19 人の能力や性格はだれが決めると思う? 082
20 自分が好きではない建築家のところへ 083
21 君たちのポートフォリオ 084
22 狩野には社会に返す義務がある 085

寄生する 086

埋め込むこと 087

23 3割が賛成したら成功だよ 088
24 10ある選択肢が9つになるということ 089
25 無料で設計してはだめ 090
26 全部自分でやればいい 091
27 あと半年頑張れ! 092
28 10年回せたなら、大丈夫 093
29 子どもは親についてくるよ 094

アクティビティを考える 095

ゴージャスな建築 096

階段と家 097

30 何がやりたいの? 098
31 環境に依存すると迷ってしまう 099
32 …って、おもしろくない? 100
33 うーん、結局きっと独立しないんだよ 101
34 僕は藝大を受けようと思っている 102
35 まずは環境をつかむことが大事 103
36 インターネット 104

これからの下北沢のための「図書館のようなもの」 105

37 研究には向いているだろう 106

グラウンドのない小学校 107

38 本当にやりたいことは何か 108
39 独立するとは思わなかった 108

言葉にまつわる物語を、「考える」「生きる」「遊ぶ」「愛する」に分けて収録した。学生、社会人、建築家、教員、あるいは親としての著者たちの今に、どのようにつながっているかが記されている。また東京藝術大学、千葉大学、東海大学、日本女子大学などで作った130の

40 隣の芝生はいつだって青い	·····109
41 ホストになった方がいいんじゃないのか	·····109
42 "Architecture"	·····110
43 商品としての建築(家)	·····110

代官山ヒルサイドテラス・アネックスとしての「現代の教会」	·····111

遊ぶ

01 先生が楽しめばいいんだよ	·····114
02 さて、次の課題、どうしようか?	·····115

美しい建築	·····116

日本らしい建築	·····117

03 日影規制	·····118
04 "ハイライズ"	·····119
05 いいじゃん、やっちゃいなよ	·····120
06 ヒヤッヒヤッ?! ヒェッヒェッ?!	·····122

ゴージャス論	·····123

07 だから充電はいらない	·····124
08 例え話・盛り話	·····125
09 入るイメージのないシュート	·····126
10 手を動かせ! ビジュアルで示せ!	·····127
11 気の合う人を大切に	·····128
12 建築(仕事)ばかりがすべてじゃない	·····129
13 それは男は傷つくよ	·····130
14 研究室はいいから飲みに行こう!	·····130
15 綺麗になったね	·····131
16 新婦友人って書いてあったときもある	·····131
17 ズッキーニ	·····132
18 ハマグリ君!!	·····132
19 僕はスピリッツを創刊以来読んでいるよ	·····133
20 ゴルゴ13はおもしろい	·····133
21 スーパーを見るといい	·····134
22 マンホールの位置までよくみること	·····135
23 ील見学はすごくおもしろい	·····136
24 肩の筋肉が違うよね	·····137

××しながら住むスペース	·····138

9坪ハウスプラス	·····139

25 僕には友だちがいっぱいいる	·····140
26 もう少し欲があった方がいいよね	·····141
27 同期と仲良くすること	·····142

7人ですむところ	·····143

28 320ギガバイト? 少ねえなあ	·····144
29 Mac持ってる?	·····144

これからのプリントメディア・サービスのあり方	·····145

30 ズルチン!	·····146
31 ね、可愛いでしょ	·····146
32 ケチではなくて、合理的って言って	·····147
33 どの子?どの子?	·····147
34 うーん	·····148
35 ちょっ…っとちがう	·····149

とても小さな家ととても大きな家	·····150

「場」を生成する	·····151

36 ……	·····152
37 緑が多いね	·····152
38 こういったディテールが分かる人	·····153
39 ご茶に塗れないだろ	·····153
40 真奈美ちゃんはひとりでやらないの	·····154
41 怒られたから、ガンバってる(ヘー")	·····154
42 いつも飄々としているたたずまい	·····155

43 自邸訪問	·····155
44 真っ白な模型	·····156
45 出逢い	·····156
46 時間と空間をつなぐ	·····157
47 21年	·····157

都心に建つ多層建築としての現代美術館	·····158

ウチとソトのあるイエ	·····159

愛する

01 姿勢は伝えられるから	·····162
02 話すときは笑顔で	·····163
03 人に愛されるものをつくりなよ	·····164
04 建築は100点取る必要はない	·····165
05 好きも才能のうち	·····166
06 設計はうまくなる	·····167
07 僕はこの見方で間違ってないと思う	·····168
08 教育だって立派な建築	·····169
09 熱量は人を惹きつける	·····170
10 イメージのあとの思い入れが必要	·····171

代官山の境界を発見し、引き算することで場を描く	·····172

ティーンエイジャーのための「図書館のようなもの」	·····173

11 いいね!	·····174
12 ウフォフォフォ かわいいよ	·····175
13 子どもに遠慮しなくていい	·····176
14 かわいい子には旅をさせるんだよ	·····177
15 好きになった人	·····178
16 人にも自分にも素直に生きてきた	·····179
17 あはは、本当、日本人じゃないねぇ	·····180

環境を考える装置	·····182

「～な家、～るいえ、～いイエ」…..普通でない家	·····183

18 なんで締め切りを守るんだ?	·····184

場を発見し、デザインする	·····185

19 うーん、B+!	·····186
20 会社をやめたら?	·····187
21 おまえら破門だ、破門!	·····188
22 掃除ができない奴は設計できないんだよ!	·····189
23 君のオススメのアングルが見たい	·····190
24 伸びしろを引っ張り出せるようなコメント	·····190
25 でも藤村は、そこが良いのに!	·····191
26 ご両親が悲しむよ	·····191
27 できると思うよ!	·····192

都心に立つ企業スタイルを表す多層建築のあり方	·····193

28 バカじゃないのか?	·····194
29 バカだなーは愛情表現なんだよ	·····195
30 建築続けてから幸せになれたんだ	·····196
31 メールをくれるのが僕の元気の素	·····197
32 大学辞めちゃうの??	·····198
33 ワカメのスライド	·····198
34 研究室が違っても気軽においで	·····199
35 本気で取り組むなら参加しても構いません	·····199
36 僕は幸せな先生	·····200
37 僕は本当に幸せな先生だと思う	·····201

相互作用を考える	·····202

ヤネのあるイエ・リツメンのないイエ	·····203

吉松さんのことども	·····204

設計課題から、主旨がおもしろいものを40選び、言葉に合わせてランダムに載せている。

設計課題の文章中、* 印をつけた語句は、『研究社新英和(第7版)・和英(第5版)中辞典 音声付き』ロゴヴィスタ、『岩波国語辞典 第六版』岩波書店(2000)、『デジタル大辞泉』小学館、「Weblio辞書」より語義を引用している。

Think
考える

―考える01―

目に見えるモノを信じろ
Believe in what you see.

壁に絵を貼る。何となく傾いて見える。床からの高さを測ってきっちり水平をとる。でもやっぱり傾いている。首を傾げていると、「目で見る情報を信じるのが一番なんだよ」と教えられた。建築を設計するとき、図面だけでモノゴトを決定しないようにしている。必ず模型をつくり、目で見て判断をする。そうしないと取りこぼす情報がとても多いのだ。それからというもの、壁に貼る絵が少しはまっすぐになった気がする。
山下貴成（建築家・東海大非常勤講師／東海大吉松研3期生）

Passage

ー考える02ー

なんかおかしい
Something is wrong.

きちんとチェックしたつもりでも打ち合わせをすると、瞬間的に「なんかおかしい」とか「どこか間違っている」と指摘されることがある。よく分からないまま検証すると、やはりどこかがおかしかったことが分かる。膨大な経験の処理による感覚を信頼した発言だと考えているが、経験を積んだように思っていても、現場などで瞬間的な判断を求められると悩んで理屈を探してしまうことが多い。感覚を信じるのは難しい。
前田道雄（建築家／アーキプロ）

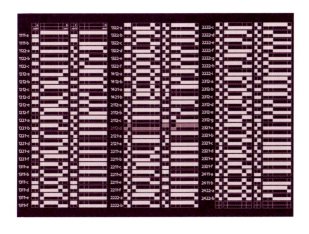

― 考える03 ―

建築とは動かないものだ
Architecture won't move.

ひと度設計が始まると、いろいろなアイデアが浮かんで頭の中がいっぱいになる。これだと思っていても、次の日には全然ダメだと思う。堂々巡りでちっとも設計がまとまらない。スタディの間、建築はいつまでも動き続ける。だから、その思考を止められる人が設計者であると学んだ。建築が立ち上がっても、それは確かに動かない。動かないからこそ、とめどない思考を思想として建築に込めることが大事なのだ。
山下貴成（建築家・東海大非常勤講師／東海大吉松研3期生）

Passage

―考える04―

正解はあると思って設計した方がいい
You had better design that there is a correct answer.

さまざまな思惑の中で、ひとつの動かないものを設計すること。さまざまな長さの時間を考えたとき、何ひとつ「変わらないものがない」中に「建築」をつくるとき、「正解はある」という姿勢をとらなければ見えないこと。そして無数の「正解」がある中で、何に焦点を合わせ、決断して、提案するのか。当時「つくること」「考えること」にうんざりしていた私は、この言葉を聞いたとき、顔を上げて前に進みなさいと言われたような気分になったのを覚えている。

中谷文香（建築設計／東海大吉松研3期生）

―考える05―

建築の設計は料理と同じ　冷蔵庫の中の材料で何ができるかを考える
Architectural design is similar to cooking. Think of a dish you can cook with what you have in your refrigerator.

ゼミのエスキースのときに、アートと建築の違いを説明された。アートとは白いキャンバスに自由な発想で描くこと、建築は決められた条件の中で機能や空間を創出すること。料理と同じように人によって切り方、調味料の使い方、調理の方法も全然違う。そしてそれを食べる人の好みの味もそれぞれ違う。建築の楽しさと奥深さを改めて感じてワクワクしたのを覚えている。

原真人（建築設計／東海大吉松研5期生）

Passage

―考える06―

思考のジャンプが必要だよ　論理がないアートはないし、感覚に響かないデザインもない

You have to have jump in your thoughts. No art without a logic, no design without a sense.

思考は後づけで感覚だけでものをつくっていた私。Ａラボで概念と作品のバランスを学んだ。例えば理屈の積み重ねだけでつくられたものはおもしろいものになりにくい。おもしろい仮説は思考のジャンプで生まれることもある、と。後年デザイン理論を学び、これがアブダクションと呼ばれていることを知った。説得のために論理を積み重ねるときも、作品を黙って世の中に出すときも、私はいつも概念と作品の間にいて、このバランスを考えている。

藤村憲之（UXデザイナー／Ａラボ1〜2期生）

寸法も大切だけど、見たときにいいと思えるかどうかなんだよ

The scale is also important, whether it seems good to see it or not.

感覚を信じなさい、と単純に捉えると間違いである。いずれにしても存在と寸法を決めるのは自分なのだが、分からないとき、その根拠をほかに求めてしまう。実例だったり歴史的認識だったりするが、それはつまり言い訳であることが多い。言い訳は作品発表のときに必要になるが、つくる現場では役に立たないこともあるので、言葉（意識）と造形（身体）、あるいは寸法と感覚のバランスを維持する必要がある。

岸本和彦（建築家／元東海大非常勤講師）

東海大・学部2年後期・設計課題・2015

境界のないイエ・ドアのないイエ
寸法を操作してつくる

Dwelling space without border,
dwelling space without door

雨や風、暑さ、寒さから逃れるシェルターが、建築の原点である。気候の変化から身を守り、外敵からも身を守る。その答えとして、「建築」は存在している。壁や屋根によって、外部と内部の領域を分けることで、「建築」は成立しているのだ。つまり、「建築を設計する行為」とは「領域を決定する行為」であると言い換えられるだろう。

では、その「領域」はどうやって決めるのだろうか？「建築」と「彫刻」の違いは、「室内（インテリア）」の有無であるという考え方がある。外敵や暑さ寒さから守るという意味で、建築にとって「室内」をつくり出すことは重要な「目的」の1つである。しかし、完全に閉じてしまうと、光も風も入らず、外も見えない、陰鬱な空間となってしまう。だから、建築家たちは、窓やドアや階段を用いて、内外や上下の「領域」を様々に連続させようと腐心してきた。だが、境界をコントロールする「ドア」や「窓」がなくても、プランや開口寸法をほんの少しだけ操作することで「領域」をつくり出すことができる。内外をつなぐ建具を開放すれば、庭と建築が一体化した、伝統的な日本家屋のような空間を考えることもできるだろう。「階段」もまた、異なる領域を垂直方向につなぐ装置であり、「ドアのない床開口」であると考えられるかもしれない。

この課題は、通常住宅で使われる寸法を学び、それらの寸法を操作することで「見えない境界」をつくり、様々な「領域」が連続した魅力的な「イエ」をつくり出すことを目的とするものである。建築にとって「寸法」とは何か？「境界」とは何か？「領域」とは何か？を考えることによって、魅力的な「境界のないイエ」を考えてほしい。

敷地面積： 144㎡（12m角の敷地）
建築条件： 魅力的な「境界」と「領域」の関係を持った小住宅であること。
　　　　　 構造自由。2層以上。（階段でつながっていること）
　　　　　 接道状況や周辺環境は自由に想定して良い。密集した住宅地でも良いし、
　　　　　 自然に囲まれた場所でも良い。但し、周辺環境を十分に表現すること。
建築規模： 70㎡程度。
必要諸室： 2人で使う住空間であること。
　　　　　 住宅として成立する機能を満たしていること。（他に依存しない）
　　　　　 敷地内のアプローチ・ランドスケープなどを必ず提案する。

―考える08―

分からないことはすぐに調べる　調べれば覚える

You will learn by looking it up right away, when you come across something you don't know.

もう完全に身体に染みついている。みんなの言葉遣いが悲惨だった学部4年のゼミ発表。調べて覚えるにはタイミングが大事である。今では分からない言葉は調べないと気持ちが悪い。物事の意味を一つひとつきちんと理解して積み重ねる。単純なこと。10数年が経ち、手のひらにあるiPhoneは何でもできるようになった。調べる癖は、情報を集めて知るだけでなく、情報リテラシーにつながっている。

齋藤敦（足立区職員／東海大吉松研4期生）

Passage

―考える09―

曖昧な言葉を使わない　言葉の意味を理解すること　人に伝わる言葉で話す

Do not use ambiguous words. You should understand the meaning of words and speak with words enhancing the understanding of other people.

話すことが苦手で、いつも「それで？」「つまり？」と投げかけられ、さらに話すことが嫌いになっていた。そんなとき、言われた言葉。体裁の良い言葉を選ぶのではなく、人に伝わる言葉で話すことの方が大切だということ。相手に伝わらない言葉でいくら話しても本末転倒。子育て真っ只中の現在、仕事でプレゼンテーションするより、子どもに伝わる言葉を選び話す方がよっぽど難しい、と思う毎日である。

首藤愛（フリーランスデザイナー／東海大吉松研2期生）

―考える10―

30分3時間かけてもダメなら分からない
If you don't find an answer within 30 minutes, you won't find one after 3 hours.

「30分かけて思いつかなければ、3時間かけてもアイデアは出てこない」。多少アレンジが入るが、会社の後輩にかける言葉になっている。仕事の時間配分がまだ分からない新入社員に「頭を切り替えなさい」と言っても器用にできる人は少ないので、堂々巡りの長考は何も結果を生まないことを伝えるのに適正な言葉をもらった。
外山明代（照明メーカー 企画・設計／東海大吉松研1期生）

―考える11―

3分30分3時間3日、3日考えてダメなら分からない
Think about it for 3 minutes, 30 minutes, 3 hours, 3 days... Thought about it for 3 days and didn't figure it out, you will never figure it out.

設計は決断の回数を増やすことであると繰り返し言われた。悶々と考え込んで結論が出せず、考えることを諦めてしまうことがあった。そんなときに考える具体的な時間を示してもらった一言。デザインの教育・研究者として、研究やプロジェクトのデザインプロセスの中で、制限時間を設けて、考え過ぎず、諦めず、素早く決断することができる。たとえそれが間違っていても、軌道修正が可能で、新たな問題や課題を発見する機会を得ることができる。
稲坂晃義（大学教員／東海大吉松研3期生）

Passage

—考える12—

いくら悩んでも決まるのは瞬間だからすぐ決める

Whatever you wonder, decisions are made instant. So decide now.

学部のとき、よく悩んだ。当時よりはずっと知識や経験が増えた今も悩むことはもちろんあるが、その度にこの言葉を思い出す。判断材料が見つかりそうな悩みなら少し待ってみるが、悩み込みそうな問題があればとりあえず決めてしまう。その答えが合っているかどうかは分からない。どんなに判断力がある人だって人間なのだからハズすときはハズす。そう考えれば難しい判断もちょっと楽になる。

重久京平（建築家／東海大吉松研5期生）

—考える13—

朝起きたらとりあえず今日着る服ぐらい決められるだろ？

If I get up in the morning I will decide about the clothes I will wear today for the time being, don't you?

課題などを進めるにあたり、手が動かないことに対して言われた一言。まずは着てみること。身に纏ってみないと、似合っていないのか、外は寒いのか暑いのか、肌触りはどうなのか、サイズは合っているのか、それも分からない。不確かさをもったまま、建物ができてしまうかもしれない怖さを感じながらも、日々それを払拭するべく、グリグリと線を引くことを心がけ仕事をしている。

七海毅（建築設計／東海大吉松研3期生）

―考える14―

設計っていうのは決めることなんだ　その積み重ねでカタチができていくんだ　どれだけ悩もうが決めるのは一瞬　決まらないときはとりあえずえぃ！ってどれかに決めてしまうんだその後変えるのは自由だろ？　今日の結論と明日の結論が同じじゃなくてもいいじゃない

Design is a matter of making decisions. By stacking it up, shapes will appear. No mater how long you think, decision is a split second. When you can't decide, just make one decision. Your free to change that decision afterwards, can't you? Today's decision doesn't have to be same tomorrow.

学生のとき「決める」ことがどうしても苦手で、手が止まってただただ悩んでいたときの言葉。決めないで、ただ悩んでいるのが一番前に進まない。決めることも、その後に変えることも怖がらなくていい。決めてみないと、しっくりくるか分からない。今でも悩んだときは、あの時期にもらった言葉がどこからか聞こえてくる気がして可笑しかったりする。設計というよりは、生きる知恵として自分の深いところに刻まれている。
中谷文香（建築設計／東海大吉松研3期生）

Passage

―考える15―

好きな人にお弁当をつくる場合、いろいろ盛りだくさん入れるより何かひとつとびきり美味しいものを入れた方がいい

When making a box lunch for a loved one, it is better to put one really delicious something, somewhat more than put plenty of things.

卒業設計の中間発表後の言葉。自分が考えたことをすべてプレゼンに詰め込もうとして、見る側にどう映るかという視点が欠け主観的かつ感情的になっていた。内容はプレゼンに表れる。それから10年が経ち、ドイツ語での博士論文が一時は1500ページになってしまったことも。何が必要なのか、その都度選択できるようになりたい。

木内里美（大学研究員／東海大吉松研4期生）

日本女子大・学部4年前期・設計課題・2014

即日設計のコツ
企業や大学院入試などの即日設計試験の練習を行い、現在の設計力を確認する

Tips for same day design exam

＊どんな問題でも、30分以上考えない
問題を読み、設計条件と求められている課題を確認し、すぐエスキース平面と断面を描き、30分で必ず描き始める。できれば15分で終えたい。

＊新しいアイデアを考えず、今までの知識を使って描く
コンペではない。特別なアイデアは不要。問題に正しく答えている設計力を示せる素直なプランであれば良い。設計課題ではなく、算数の文章問題だと思うこと。

＊デザインで優劣はつかない
問題解決が素早くできるかどうかが問われている。丸い建築の方が四角い建築よりも優れているかどうかは評価にならない。だから、早く描ける設計案が有利。

＊できるだけ簡単なプランと構成とする
早く描くためには、部屋数が少なく、シンプルな計画が望ましい。平屋が早い。

＊図面をレイアウトし、分かりやすい日本語タイトルを大きく書く
まず最初にレイアウトをして、どれぐらいの量の図面をこれから描くのかを理解する。設計内容をシンプルに分かりやすく伝える「日本語タイトル」を大きくはっきりと書く。

＊フリーハンドで素早くざっくりと描く
平行定規や三角定規を使って製図していると間に合わない。下線を引いてフリーハンドでざくざく描いていく。自分の好きな筆記道具を決めておく。

＊綺麗な図面より、はっきり遠くから見て分かる図面が良い
薄い図面や小さな文字は印象が悪い。強弱をつけた図面を手早く描く。薄い色の太マーカーやサインペンなどで壁を塗る。終了30分前に少し離れて見て、どう見えるかチェックする。

＊中途半端な構造表現より、空間を断面図で表現する
分からない基礎や梁を適当に描くのではなく、床の高低差や天井高など空間を断面で表現する。壁の厚さより床の厚さを太く描くとバランスが良い。

＊水周り・階段・車のスケールを間違えない
スケールが正しいかどうかが採点の基準。ドア・トイレ・キッチン・階段・車などの寸法を「覚えて」おき、大きく間違わない。寸法線は不要。

＊建築だけでなく、ランドスケープ・人間を表現する
建築だけ描くのではなく、外部空間を表現する。立面図やパースなどでも建築以外の表現が大事。

＊パースは正面から一点透視で描く
2点透視は間違えやすく、時間がかかる。薄い色のマーカー・色鉛筆などで着色。3〜4色で十分。パースの空は塗らない。陰影を考えて、影部分に色をつけると立体感がでる。

＊パースは外観とは限らない
案を最もよく伝える場所を描く。外観にこだわる必要はない。インテリアでも良いし、中庭でも良い。建築ではなく、空間・雰囲気・設計意図を伝える。

東海大・学部2年前期・設計課題・1995

すまうことの意味
Meaning of living

住宅を設計することは、生活のスタイルを記述する作業でもある。生活の
スタイルは、住宅内部におけるアクティビティのみならず、生活者にとっ
てその住宅がどう位置づけられるかによって、その多くが決定される。こ
こでは、都市との関係をふまえた上で、設計した住宅がどういった性格を
もつものであるのかを考えてもらいたい。

敷地： 　神奈川県大磯町にある敷地は、海を望む南斜面の上部に位置しており、北
　　　　側で4つのアプローチ道路に接している。JRの駅からは徒歩でアクセ
　　　　ス可能である。敷地の南側はゆるやかに傾斜しており、周辺は緑でおおわ
　　　　れた良好な住環境をもつものとする。建築が建てられるのは、10m×15m
　　　　の平坦な範囲とする。
建築条件： 建築タイプは、定住住居、週末住居、別荘その他自由とするが、住宅として
　　　　成立する機能を満たしていること。
　　　　構造自由。（木造、鉄骨造、RC造）
　　　　階数は自由。但し、最高高さは10mを越えないこと。
建築規模： 延床面積60〜70㎡
必要諸室： 生活者は自由設定とするが、なんらかの形で東京と密接な関係を持ち続
　　　　けているものとする。想定した家族構成、生活スタイルを必ず設計概要に
　　　　示すこと。カーポートを設ける場合は、10m×15mの範囲内で屋外カーポー
　　　　トとする。

―考える16―

意識的に無意識になってみる
Try to be unconscious, consciously.

設計の授業が始まったころに言われた言葉。正直、最初は「それは無意識なの？」と思い、意味が分からなかった。生活の中で空気を吸うように、気になることを見つけたり、メモしたり、考えたりが自然とできるようになりなさい、ということだった。デザインの仕事をするようになり、メモの大切さ、無意識にアンテナを張ること、またそれが習慣化するようになったこと、今ではそのすべてが自分の基盤となっている。
首藤愛（フリーランスデザイナー／東海大吉松研2期生）

Passage

―考える17―

コピーはまっすぐとること
Copy straight.

ゼミの中で言われた一言。気にも留めていなかったが、その後すぐ社会人になり意味がわかった。仕事の評価をコピーひとつで決められては本来の能力まで見てもらえない。社内やクライアントからの評価をもらいたかったし、大きな組織の一部となり顔が見えない働き方に危機感があった。目の前のできることはきっちりやろうと必死になった。右も左も分からない私達に大事なことを気づかせてくれた。

佐久間絵里（地方公務員／東海大吉松研5期生）

―考える18―

本当に頭のいい人は「解らない」と答えるんだよ
Really smart person answers, "I don't know".

と、何でも答えられそうなのに言っていた。答えを限定せず、自分やみんなが知っていることや、良いと思っていることを超えて建築を考えたいという姿勢の表れである。建築を学んだり考えたり、すればするほど答えは広く深くなり、それが楽しいのだ——ということを学んだ。
河内一泰（建築家・東海大非常勤講師／Ａラボ2期生）

Passage

―考える19―

建築は動かないからいいんだ
I think it is good that architecture does not move.

2016年、東北工業大学全学年レビューでの一言。短時間の講評だが、それぞれの学生に届ける言葉が、超重量級。時間に応じて電動で動く建築をつくっていた学生に一言。「僕ね、建築は動かないのがいいところだと思うんだ」と。意外と、初めの「僕ね」が効いているような気がする。自分の意見として伝え、「君はどう思う？」という言外の問いかけに答える力を引き出す言葉だった。
福屋靴子（AL建築設計事務所・東北工業大准教授／Aラボ3期生）

027

―考える20―

○○って何？
What is ○○?

定義が不明確なまま言葉を使うと鋭いツッコミが入る。ケンチクって何？ トシって何？ アクティビティって何？ 不確かな暗黙の了解の中でやり取りしていても意味がないことへの初歩的な指導だった。建築家は思想や思考をひとつの言葉や文章に置き換えて表現することがあり、新しい定義が新しい建築のイメージを生むこともある。言葉が与えるイメージについての感覚が養われたのだが、その言葉を放つときの声と表情の切れ味が抜群だった。
伊藤州平（建築家・東海大非常勤講師／東海大吉松研4期生）

―考える21―

英単語は使わないこと!
Do not use English words!

卒業設計の梗概を作成するときに、最初に言われた一言。「そんな無茶な！」と思ったが、修正してみると、いかに自分の考えがまとまっておらず、多義的な英単語の力に翻弄されていたかを思い知らされた。今は海外勤務で英語を使うけれど、もっと率直に意見を伝えてほしいと言われる。特に日本人の説明は遠回しだと。その度に思い出しては、物事や考えを端的に伝えることの大切さと難しさを改めて感じる。
原真人（建築設計／東海大吉松研5期生）

Passage

―考える22―

感覚でしゃべってはいけない　誰も信用してくれない

Do not speak in your senses, no one will trust you. Do not speak about your sensory perception. No one will trust you.

よく理解していない言葉を曖昧に使い、その場しのぎのプレゼンをしていたのだろう。自分で考えていたことが聞き手に伝わらないばかりか、不安を与えただけであった。建築の提案で信用を得るためには、カタチにするまでの思考プロセスに共感してもらうことが必要であるが、なるべく丁寧な言葉で簡潔に説明するように心がけている。

滝沢茂雄（建築家／東海大吉田研）

―考える23―

なんだか"お勉強の文章"になってきました

Somehow your sentences are becoming straight out from a text book.

大学院受験の論文指導での一言。他大学院受験という選択肢を助言し、学部4年の夏休みには英語や論文の勉強を全力で後押ししてくれた。それこそ大学受験以上に必死に勉強した。特に論文は苦手で、与えられたテーマに対し知識をそのまま教科書的に綴った際には、自分の考えを文字にすることや考えること自体から逃げないことを温かくも厳しく教えられた。この経験は修士論文や仕事の糧になり、今でも考え、書くことから逃げたくなるときは思い出す。

平澤暢（駅商業開発／東海大吉松研1期生）

―考える24―

素朴な質問に答えられるか？
Can you answer simple questions?

いろいろ調べて考えたことをゼミで発表したときの一言。考えれば考えるほど、深まった気がする思考。やりたいこと、新しいと思うこと、けれどもいつのまにか言い訳やこじつけも含まれて、うまく説明できない私に、その理由を教えてくれた言葉。素朴な質問に難しくない言葉で答えられるまで、何度も考える。今でもしょっちゅう立ち止まっては、自分に素朴に問いかけている。

樽見優希（建築設計／東海大吉松研5期生）

―考える25―

何でもコンセプトになる
Everything becomes a concept.

学生当時、自分自身の興味が分からず、考えもまとまらず、うまく伝えることもできず…、と卒業設計のテーマが決まらないままのゼミが毎回とても怖かったのだが、ふと何かの折に質問した「コンセプトって何ですか？」という問いに対する答えだ。深い言葉に余計悩んだ記憶もあるが、独立した今はさまざまな場面で建築的発想が新しい価値観を生むのが分かるような気がしている。

菅原麻衣子（建築家／東海大吉松研3期生）

東海大・学部2年後期・設計課題・2016

シモキタ・インフォ
街の情報が集まる、都市の延長のような建築
Shimokita infotheque
Street-like information center

建築の設計において、public（公共）は欠かせない概念である。社会生活で無意識に使用している施設全てに、public（公共）は存在している。この課題は、下北沢駅北口エリアの中心に位置するブロックを敷地に選び、これからの下北沢のための情報センター「シモキタ・インフォ」を考えることで、現代における公共の意味を問い、建築と都市の関係性を考えるものである。

誰でも自由に情報を得ることができる図書館は、代表的な公共建築である。しかし、現在の本はデジタルメディアに急速に取って代わられ、本屋も代官山蔦屋書店（Tサイト）のように、様々な機能・役割が付加されたメディアストアへと変わりつつある。図書館もまた、これまでの図書管理を中心としたサービスから、新しい情報サービスへの転換を考えなくてはならない岐路にある。既にそういった新しい枠組みの公共施設が出現しつつあり、最近では、蔦屋書店に運営を任せた公共図書館が論議を呼んでいる。

以上のような現状をふまえた上で、様々な文化の街である下北沢に、街の情報センターとメディアサービス機能が合体した「シモキタ・インフォ」を提案し、これからの下北沢に相応しい、都市生活と公共施設の関係を記述してほしい。

[参考例]
武蔵野プレイス（川原田康子・比嘉武彦）　　　　　　：図書館に市民センター機能を加えた公共施設
みんなの森ぎふメディアコスモス（伊東豊雄）　　　　：図書館と交流センターが合体した公共施設
佐賀県武雄市図書館・海老名市立図書館　　　　　　：蔦屋書店に運営を委託した公共図書館
代官山蔦屋書店（クライン・ダイサム・アーキテクツ）　：TSUTAYAが考えたこれからのメディアストア
浅草文化観光センター（隈研吾）　　　　　　　　　　：探せる・見せる・支えるツーリストインフォメーション

敷地：　　　東京都世田谷区代沢　小田急電鉄小田原線下北沢駅下車数分
敷地面積：　1,500㎡
　　　　　　商業地域・建ぺい率80%・容積率500%
建築条件：　構造自由。2層以上。地下可能。
　　　　　　（敷地には1mほど高低差があるが、無視しても良い）
　　　　　　南側道路や東側道路は、法規上4mに拡幅しなくてはならないが、提案に
　　　　　　応じて判断して良い。敷地内に、公開空地300㎡を設けること。
建築規模：　延床面積1,500㎡程度。
必要諸室：　メディアサービス機能300㎡、展示情報機能200㎡、学習機能200㎡、小
　　　　　　ホール機能（100人）、カフェ＋提案機能、管理機能100㎡（事務室・従業員
　　　　　　控室・倉庫）、トイレ、搬出入・荷さばき室、機械室100㎡
　　　　　　駐車スペースは設けなくとも良いが、メンテナンス、搬入などの管理・サー
　　　　　　ビス経路を考慮する。

—考える26—

スケッチは太いペンで描け
Draw a sketch with a thick pen.

アイデアを練るとき、線の太さがもつ物量がわりと大切なのだと。細部は気にせず溢れ出すアイデアを描き留めるためだと解釈したが、当時妙に納得したものの3色ボールペンが便利で結局ずっと使っていた。卒業後は、絵を描くのが好きだったはずなのに、パソコンで試行錯誤してプレゼンをまとめ満足感を得ていた。だが、今ではアナログ回帰するのが楽しい。今でこそ太いペンを愛用しているが、このことを思い出してもっと太いペンを買おうかなと思っている。

重久京平（建築家／東海大吉松研5期生）

—考える27—

スケッチは太いペンで描け
Draw a sketch with a thick pen.

繊細な方がキレイに見えると思って、スケッチは細いペンで描いていた。スラスラ描けたら良いのだけれど、細かい部分ばかりが気になりだして、次第に手が止まってしまう。太いペンで描いてみると、細かく描けないから大まかなスケッチになった。でも、シンプルで分かりやすく、何より力強いことに気づかされた。建築もきっと同じだ。そしてもうひとつアドバイスをもらった。「ディテールも大事だけど、全体を見る目を忘れないように」。

山下貴成（建築家・東海大非常勤講師／東海大吉松研3期生）

東海大・学部2年後期・設計課題・2000

最小限建築としての「和風でない茶室」
Minimal architecture
Tea ceremony house without Japanese style

【茶道】*さどう、ちゃどう
<1>茶をたてる作法。これによって精神を修養するという。千利休が大成した。
<2>茶坊主のこと。
【茶会】*ちゃかい
客を招いて、茶を供する集会。茶の湯の会。
【茶室】*ちゃしつ
茶会をする部屋。茶席。

建築設計においてスケールを理解することは大変重要な行為の1つである。
私達の身体寸法を理解し、創造した空間に相応しいスケールを与えるこ
とで、初めて建築は空間としての力を得ることが可能となる。

今回の課題は、最小限建築としての茶室を、スケール感覚を意識しつつ設
計することによって、私達の身体と空間の関係性を理解し、またそれを図
面、模型として正しく表現することを目的としている。今まで学んだ建築
的思考をベースとした上で、よりリアルな建築空間を提案、設計してほしい。

機能となる「茶室」については、下記のように「茶会を行う場所」とするが、
より現代的な解釈をしてもらうために伝統的茶室に見られる和風の建築
言語を選択しないことを設計条件としている。旧来の茶室に囚われない、
新しい「チャシツ」を素材、構造、意匠を統合した形で提案してもらいたい。

敷地：	各自自由に周辺環境を想定する。
建築条件：	周辺環境を設定した上で、自由に茶室およびその周辺を計画する。
	構造自由。階数自由。但し地下不可。
建築規模：	茶室の建築面積は、15㎡とする。
必要諸室：	建築の機能は、茶室空間のみとし、トイレその他は必要としない。
	アプローチ及び屋外の提案を必ず含める。これらは延床面積に算入しない。
	模型には人間も加えること。

―考える28―

建築自体に裏表をつくりたくはない　そこで完結してしまうと建築家の自己満足でしかないから
I do not want to make a front and back in an architecture itself because it architect's self-satisfaction if it completes there.

住宅街からひょこっと顔を出す透明な建物。最上階のリビングは外から丸見えだった。リビングから外を見ると東京の街並みがよく見えた。見えたというか、そこにあるイスやテーブルと同じくらい生活の一部みたいだった。トーキョー。背伸びをせずどっしりとした態度。言葉ではなくその建ち方によって強いメッセージを発している。自分が自邸を構える立場になったら、同じような態度がとれるだろうか。今でも自問自答を繰り返している。
山下貴成（建築家・東海大非常勤講師／東海大吉松研3期生）

うちらしくないよね
It is not typical for us.

「らしさ」で判断することの価値は積み重ねてようやく見えてくる。さまざまな検討をして行きついた結論が、この言葉によって選ばれないことがある。ほぼ答えと思われる結論ではなく、別の選択をすることで失った仕事はあるかもしれないが、これまでの作品をたどってみると建築家として考えていることが浮かび上がってくる。
前田道雄（建築家／アーキプロ）

—考える30—

自分の地図をつくれ
Make your own map of the city.

「建築設計Ⅳ」は、学部4年前期の、これから卒業設計に取り組もうという学生のための授業だった。日本建築学会のコンペを課題にしてサーベイを前提としたデザイン提案に力を入れていた。私には、少し意外だったが、丁寧なサーベイを地図にすることをいつも学生に指導していた。「ディフェンス」という言葉もよく使っていたように思う。デザインの背後にあって、デザインを強くするものの存在を教えてもらったように思う。
篠原聡子（建築家・日本女子大教員／日本女子大スタジオ）

Passage

—考える31—

数字の表を見ておもしろいと思え　正しい情報を集めて正しい分析をしろ

Think of it as fun by looking at the table of figures, collect the correct information and do the right analysis.

独自の切り口から多様な情報を読むことにより、「新しい都市の見方」を記述する、という修士の講義課題の中での言葉だ。関係性を組み替えたり、視点を変えることで、情報の中に潜む目に見えない問題を読み解いていく重要性に気づかされた。同様に建築をつくる上でも、さまざまな与条件から問題提起し、解決案を提示することが必要である。ひとりよがりな案では誰も必要としてくれないのだと心に留めている。

滝沢茂雄（建築家／東海大吉田研）

東京都	2 194 342	2 444 145	2 665 286	2 770 855	2 818 533	2 836 025
区部	1 639 827	1 825 789	1 999 587	2 071 120	2 097 775	2 109 703
千代田区	6 665	10 014	11 107	11 439	11 898	12 205
中央区	16 134	31 601	37 639	39 587	40 505	40 653
港区	38 882	58 126	68 418	70 959	72 079	72 528
新宿区	85 770	98 923	104 357	105 901	104 599	103 721
文京区	40 915	49 542	53 685	55 322	54 990	55 014
台東区	30 245	35 473	41 013	43 665	44 433	44 727
墨田区	34 114	44 276	50 083	52 889	53 996	55 026
江東区	55 360	68 243	79 412	84 618	87 283	88 817
品川区	72 683	88 811	97 279	99 670	98 483	98 176
目黒区	57 006	59 269	64 859	66 142	66 199	65 758
大田区	123 637	137 503	147 769	152 543	155 035	157 087
世田谷区	184 549	197 162	211 703	216 392	217 976	219 488
渋谷区	58 486	63 789	67 784	68 998	68 506	68 241
中野区	91 795	98 617	101 356	101 181	100 193	99 670
杉並区	138 440	150 308	159 682	161 166	160 211	158 061
豊島区	75 197	70 122	80 729	81 940	81 998	81 622
北区	65 491	73 970	78 240	78 917	78 042	76 979
荒川区	29 067	34 381	38 272	40 360	41 302	42 019
板橋区	105 440	103 554	113 380	117 647	119 934	120 561
練馬区	105 843	98 493	115 059	126 034	133 194	137 214
足立区	76 912	88 848	98 988	106 536	110 285	111 956
葛飾区	56 699	59 309	63 110	66 008	67 827	68 688
江戸川区	90 497	105 455	115 663	123 206	128 807	131 492
多摩・島しょ	554 515	618 356	685 699	699 735	720 758	726 322
市部	546 889	608 905	655 593	689 361	710 385	716 166

出典：東京都世帯数の予測

日本女子大・学部4年前期・設計課題・2013

都市または建築の境界を探せ！
Find your boundaries !!

境界＊きょうかい
1. ものとものと境。疆界。極限。
2. (心理学) 意識と無意識の境。識閾。margnal の訳
3. (法律) 土地において、2以上の者の所有権を画する境。古くは、経界 (けいかい) と読んだ。

「建築 (architecture)」と「建物 (building)」の違いを考えたことがある
だろうか？ 例えば、「建築家とは提案をする人である」という定義がある。
建築家のつくるものが建築だとすると、この2つを分けるものは設計者の
「意志」であると考えることができる。卒業設計や卒業論文のテーマを決
めるためのスタディとして、問題発見→分析→提案へのプロセスをトレー
スする訓練を行いたい。そうすることで、アイデアやコンセプトに留まらず、
リアリティのある「建築」を創起する力を手に入れることができる。

問題を発見するためには、「問題意識」を持たなくてはならない。それは
自分の「常識」を疑うところから始まる。旅行に行き、様々な建築や都市
を見ると、今まで普通に感じていたことに疑いを持つことがよくある。だ
から、建築を学ぶ人たちは昔から多くの旅と調査をこなしてきた。過去や
現実をよく知ることで、初めて「創造」が生まれるのだ。

この課題は、日本建築学会設計競技に参加することで、社会性を意識しつ
つ、全国の建築を学ぶ学生たちと競い、そして地域に根ざした提案を行う
ものである。二人一組で対象敷地を選んだ上で、サーベイを行い、問題意
識を共有する。その上で「リアリティ」のある建築空間への提案を行って
ほしい。

前半は敷地・文献サーベイを中心とした問題意識の発見と建築計画書の
作成を行い、後半はサーベイや建築計画書に基づいた建築設計とプレゼ
ンテーションを行う。サーベイに基づいた論理的なアプローチから見つ
け出した「境界」を乗り越える、魅力的な「建築」をつくり出してほしい。

敷地：　　　境界のある実在の敷地を探し、2人でサーベイを行う。
建築条件：　自由とするが、見つけ出した境界を乗り越える建築とする。
　　　　　　構造自由。

東海大・学部2年後期・設計課題・2010

見えなくなっている「都市の場」を発見し、デザインする
Design"Urban Invisible"

【デザイン】*
《絵画などの》下図[図案]を作る。《建築・衣服などを》デザインする，設計する。
《…を》計画する，立案する，企てる。《…する》つもりである。《…を》《ある目的に》予定する。
ラテン語「区画して描く」の意 (DE-+sign-, signāre「印をつける」)

私達の生活の多くは、都市から与えられる様々な情報によって成り立っている。同時に、私達も周辺環境に対して少なからず影響を与えている。従って、建築を設計する行為には、建築単体を考えるだけではなく、その建築が置かれる環境を読み解き、それらに対する問題意識を持った上で提案を行っていくことが求められている。

この課題は、この建築設計に必要な「都市との対話」を、都市を少しだけ変化させる「建築的装置」として表現するものである。現在の街をそのままの形で捉えるだけではなく、情報やアスファルトを剥がせば地形があり、道に至った痕跡があり、人が集まる理由があることなどを感じてほしいし、そうなる準備ができていた歴史にも気づいてほしい。

「都市の記憶」を呼び覚ますようなアイデアもあるだろうし、都市の中に潜む「自然」に着目するアイデアもあるだろう。提案される建築的装置には、都市を測定する装置であったり、都市生活を少しだけ揺り動かすものであったり、都市との対話を増幅するものであったり、様々な可能性が考えられる。自分で探し出した都市の「場」に、新たなアクティビティを起こさせる、小さな魅力あふれる建築的装置を設け、その都市の「場」をデザインすることが、この課題の目的である。

渋谷〜原宿間のキャットストリートを中心とした渋谷川流域をサーベイし、そこに隠された都市の「場」を見つけ、その分析から問題意識を発見し、それらに対する解決策を建築的装置として提案する。そして、その小さな建築的装置が、どのようにその都市の「場」を変化させるかを自由にプレゼンテーションしてほしい。サーベイ→分析→問題意識→提案といったプロセスを、自らの体験をもとに空間化することを期待している。

敷地：	渋谷〜原宿間 （通称）キャットストリートを中心とした渋谷川流域に各自場所を設定する。
建築条件：	建築的装置であること。構造自由。
建築規模：	延床面積は特に規定しないが、30〜100㎡基準。
必要諸室：	新しいアクティビティを発生させるために必要な機能を含むこと。 周辺環境との関わりに配慮した提案であること。

―考える32―

あの建築はすごく良くできているけど空間がない
That architecture is very good, but there is no space.

ある建築に対するこの批評を聞いて以来、建築の価値を「空間」の有無で考える傾向にある。すぐには理解が及ばなかったが、当時好んだ建築やデザインの見え方が日々少しずつ変わっていった感覚を記憶している。ゼミでは、つくり方や捉え方などを可視化する重要性をはじめ、建築に内在するさまざまな価値観の探し方を学んだが、その中でも、自分の設計の価値観は常に、「空間」の魅力を伴うものでありたいと願っている。
齋田武亨（建築家／東海大吉松研3〜4期生）

見えるものと認識しているものは異なる
What you see is different from what you recognize.

デザイン研究で、人間は見えているものすべてを認識しているわけではないということを知った。つまり、空間を創造する専門家は、人々をよく観察しなければならないということだと思った。専門家が意図した空間を人々が認識できなければ、デザインとは言えない。だから専門家は、人々から学ぶ姿勢も忘れてはならない。人々が何を認識し、その結果空間をいかに利用しているのか。同期も教えてくれた、それは「親切である」ということ。
狩野朋子（大学教員／東海大吉松研1期生）

―考える３４―

建築は社会である
Architecture is a society.

初めての設計授業、エスキース中の言葉である。意味を考え続けて今日に至るが、これを今の自分なら「建築はObjectではなくEventである」と解釈する。Eventとは新たな可能性を創造する「出来事」を指し、これは偶然的な生成変化であるために準備することはできない。しかし出来事を誘発させる空間設定は社会に提供できるのかもしれなく、それが建築ではないかと考える。だから自分の学生とは出来事としての建築を語る。新しい社会を見出すために。

田村順子（シンガポール国立大講師／東海大吉松研1期生）

東海大・学部2年後期・設計課題・2004

「公」と「私」をつなげるもの
Connecting with public and private

みんなはもう気がついているかも知れないが、建築を設計することは、その建物を使う人たちにとってどんな機能や空間が必要かを考えるばかりでなく、それが街の中につくられるとすれば、街の部分をつくるということでもある。だから、私的な領域だけでなく、意識を拡張して「外の領域＝公的な領域」を考えることは、とても大切なことである。

街を歩いていて、親しみやすく、生きていると感じられる場所があったり、一見整っていてきれいなのに不気味なほど静かで楽しくない場所、ごちゃごちゃと雑多で、どんな街なのかも読み取れない場所があったりすることに気がつくことがあるだろう。もしも、それぞれの建築が私的な領域にとどまらず、少しずつ、公に対して何か働きかけがあったなら、公共の空間はその少しずつの働きかけが集まり、大きく変わるはずである。

例えば、どの建物の玄関先にも同じ花を植える、テントを設けるといった小さな仕掛けでも、それが集合した時、そこに生まれる公共の空間は、明確な性格をもった街になるに違いない。普段は静かな神社の参道が、お祭りの露店が立ち並ぶだけで、がらっと雰囲気が変わるのを見た経験が、誰しもあるだろう。小さな仕掛けは、集まると大きな効果につながっていくのである。この課題では、こうした「公と私をつなげる」小規模な建築的環境装置を考えてほしい。

アイデア次第で、熱くなるのか、冷まされるのか、醒まされるのか、和ませるのか、目覚めさせるのか、その場所は変容するはずである。そこには、同調、対峙、寄生、同化といったいくつかの方向性を見いだすことができるだろう。渋谷、原宿、表参道周辺をサーベイし、敷地を選び、小さな建築的環境装置を設計することで、私的領域と公的領域をつなげることが、どのように「場」を変容させるかをプレゼンテーションしてほしい。

敷地： 　　　渋谷・原宿・表参道周辺に各自場所を設定する。
建築条件： 　建築的環境装置であること。構造自由。
建築規模： 　延床面積は特に規定しないが、大きなものである必要はない。
必要諸室： 　周辺環境との関わりに配慮した提案であること。
　　　　　　 公と私をつなぐために必要な機能を備えていること。

043

―考える35―

たとえ設計の道に行かなくても設計のプロセスはほかのことにも役立つ
Even if you do not go to the field of design, the design process that you learned will be usable everywhere.

私の仕事であるマーケティング企画は、商品に付加価値を見出し、売るためのストーリーを描くこと。市場調査・分析、コンセプト立案など商品企画から進行中の企画に対する追加提案まで。プロジェクトの真価を問われる部分であり、クライアントは建築業界を超えて飲食業にまで及ぶ。私はこの仕事に設計のプロセスを応用し、可能性を試している。これを鍛錬し、社会にクリエイティビティを効果的に生み出したい。
宮本明日香（マーケティングプランナー／東海大吉松研4期生）

―考える36―

たとえ設計の道に行かなくても設計のプロセスはほかのことにも役立つ
Even if you do not go to the field of design, the design process that you learned will be usable everywhere.

幼いころから自分の家をつくりたかった。建築家など知らず、大工になりたかった。大学進学では迷わず建築学科を選び、学部4年で迷わず吉松研究室を選んだ。卒業設計前のゼミでこの言葉を聞いた。でも設計がしたかったし、深く考えなかった。今、自分にとってこの言葉はとても大きい。空間を体験し、手を動かし考える。設計のプロセスは、モノの見方や考え方そのもの。行政は建築設計のプレデザインにかかわっているのだから。
齋藤敦（足立区職員／東海大吉松研4期生）

Passage

―考える３７―

たとえ設計の道に行かなくても設計のプロセスはほかのことにも役立つ

Even if you do not go to the field of design, the design process that you learned will be usable everywhere.

ドイツで博士論文を書き始めて、設計したい気持ちを押さえなくてはいけないとネガティブに考えてしまっていたときの言葉。計画のプロセス自体をデザインと捉えるきっかけになった。研究テーマの住宅地の持続可能なデザインについて、どのようなプロセスで建築家、プランナー、行政、住民が協働しながら展開しているのか掘り下げることができた。
木内里美（大学研究員／東海大吉松研4期生）

―考える３８―

二つの脳みそをもてばいい
You should have two brains.

論理的思考と感覚的なセンス、両方からアプローチすることが設計にとって大事であるとの話だったと思うが、拡大解釈して、怖いくらいに魅力的だが、自分にはものすごく不向きに感じる環境に身を置いた方がいいと思い、あるアトリエ事務所に潜り込んでしまった。結果、二つの脳みそがもてたのかよく分からないが、固くて億劫な脳みそが八つ裂きにされてぐちゃぐちゃな状態になってしまったのは確かである。
野口直人（建築家・東海大助教／東海大吉松研5期生）

Passage

―考える３９―

頭を柔軟に
Be more flexible.

設計の授業が始まったころ。一案を絞り出すのに精一杯で、「なんて言われるだろう？」「ダメか？」と考え、綺麗な答えを出すのに自我消耗していた。今考えると笑えるが、当時は課題半分、先生方の顔色調査半分だった。言われたことを忠実に守ることばかりに囚われていたのだ。だが、頭を柔軟にすることにより余力が生まれた。余力ができたことで心に余裕をもち、別のことが考えられるようになった。今では、仕事に子育てに活かされている。

首藤愛（フリーランスデザイナー／東海大吉松研2期生）

―考える40―

服は肢体を通すための穴が絶対に必要　建築も服と同じで、厳然たるレギュレーションがある中でいかに新しいものをつくり続けるかなんだよ　コレクションで世界を動かすやり方もあれば、ユニクロやZARAのようなみんなが着られる服で世界を動かすやり方もある

Clothes absolutely need to have some holes to pass the limbs. How we can produce the originality constantly within the regulation which same as the closes. Everyone has UNIQLO and/or ZARA. There is a way to make a movement from the collection, and also it can be done by the common clothes.

修士設計の最中、新しい建築をつくらなければ、と小難しく迷い込んでいた私の頭を柔らかくするために分かりやすい例え話をしてくれたのだと思うが、新しいこと、世界を動かすことに対するひとつの視座を与えてもらった気がする。以降、アイデアを考えたり建築を見たりするときの私の頭の中には、いつもこの二つの言葉が浮かんでくる。「あ、これはコレクション級！」「カジュアルブランド建築だな」などというように、ひとりでこっそりと。
上村育美（建築設計／東海大吉松研5期生）

Passage

―考える41―

ハマったときはヘルツォークになってみるんだ ほかの建築家にもなってみる 誰かになって設計してみるんだ

If you get stack with your design, think for example like Herzog or any other architects. Try designing being someone else.

デザイン研究でヘルツォーク&ド・ムーロンを扱っていた時期に、ほかの設計課題で詰まっていたときの言葉。流行りを追ったデザインじゃなくて、高得点を狙った答えじゃなくて、誰かのマネじゃなくて、何か自分の内から湧き出てくるものを表現してみたいんだけど、どうしていいのか分からなかった。「そんなときは、誰かになって考えてみるといい。その人になって設計するんだ」と。正直なところ、その意味を本当に理解できたと思えるのは、ほんの最近のことである。

中谷文香（建築設計／東海大吉松研3期生）

049

―考える42―

デザインすることには勇気が必要だ　頑張ることの目的は自信をつけるためだ
It is necessary to have courage to design. Try your best to get your confidence.

建築を考えつくる上で、イメージやビジョンと世俗的な一般論との距離を認識して見定める段階があるように思う。そこで勇気をもってボールを遠くに投げることはなかなか難しい。そしてボールを遠くに投げるためには、さまざまに検討を重ねることで自信を得ることが必要なのだと常々背中を押される。

伊藤州平（建築家・東海大非常勤講師／東海大吉松研4期生）

デザインにはジャンプがあっていい
It's fine to have a jump in design.

学生時代にコンペに参加したとき、チマチマと手の動かない僕らが言われた言葉。まちづくりに携わるようになり、プロジェクトが跳ねるようにぐんと進む瞬間がたまにある。リサーチとエスキースを丁寧に行う一方で、ダイナミックに跳ねる工夫もまた丁寧につくるものだと最近分かってきた。
時田隆佑（観光まちづくり／東海大吉松研5期生）

―考える44―

そろえるな！（怒）
Don't arrange!

アーキプロで仕事を始めたころ、分からないことで怒られることがよくあった。デザインの基本として「そろえる」ことを意識したときには「そろえない」のは難しく、とても悩ましい指摘であった。そしてその先のデザインについて深く考えるようになったきっかけでもある。
前田道雄（建築家／アーキプロ）

東海大・学部1年後期・造形課題・1999-2000

「場」を変容させる
Changing into another sphere

【変容】*へんよう((名・ス他自))
姿・様子を変えること。姿・様子が変わること。
a change in (one's) appearance; (fml) (a) transfiguration; (fml) (a) metamorphosis ((複) -phoses)
(come to) look different (from what it used to be); (fml) be metamorphosed (into)

【場】*ば
物事が起こり進行している所や局面。
「その―に居合わせる」「―をはずす」「―の数を踏む」(経験に富む)「夏―」
<ｱ>物が置かれる場所。「―を取る(=占める)」
<ｲ>取引所の立会(たちあい)。「―が立つ(=行われる)」
<ｳ>演劇で、ある場面を中心にした一くぎり。「義士討入りの―」「三幕五―」
<ｴ>あるものを中心にし、その力が及んでいると考える、その空間。「重力の―」
<ｵ>その時その所の様子・雰囲気。「―に合う発言」

東海大学湘南キャンパス内に各自場所を設定し、なんらかの変化を加え
ることによって、その「場」を変容させなさい。

建築条件： 変化を加える行為の大きさ、数、材料、色などは自由とする。
変化が加えられた「場」の物理的な総和はそれ以前と変わらないこと。
(プラスマイナス0であること)
各自設定した場所を写真に撮り、それをもとにコラージュ、ドローイング
で表現する。ドローイングには、人間を複数名入れること。

053

―考える45―

お前なんて、建築をやめてしまえ！
You! Quit architecture design!

卒業設計の中間発表、私のプレゼンのあとに一喝。全職員、学生全員の集まる発表会は凍りつき私も冷や汗をかいたが、発表の休み時間に個人的にフォローしてもらい二倍頑張ろうと思った。
井上玄（建築家・東海大非常勤講師／東海大吉田研）

―考える46―

君らより僕は100倍設計できる
I can design 100 times better than you.

そうだと思う。実施コンペに取り組んだ際、調べない、案を出さない状況で提出締め切り目前になった。そのときあった怒りのコメント。その後10分程度で複数案を描く姿を見せつけられた。圧倒的な力不足を痛感して体が固まった。その経験は強烈で、長い間、消化不良のままだ。この経験から、いい意味で臆病になった。自分が一番に案を出す。関連資料は熟読。意見は率直に。そう努めている。
宮本明日香（マーケティングプランナー／東海大吉松研4期生）

Passage

ー考える47ー

人真似はやめなよ
Don't make imitation.

学生だったころ。雑誌に掲載されているような華やかなデザインに影響を受けまくって、しっかりとしたデザイン思考の芯をもっていなかった私は、自分を見失うとすぐにどこかで見たようなものの組み合わせを器用さで辻褄合わせしていた。そんなとき模型を見てぴしゃりと言われた言葉がこの一言。それ以来、自分の作品になっているか、さらには、自分のポジションって何だろうか、と考えるようになった。

藤村憲之（UXデザイナー／Aラボ1〜2期生）

ー考える48ー

即日設計は簡単、学生時代から迷ったことはない
I never had trouble doing one-day design exercise from my college years. It's easy.

このときの「設計」とは計画のことを指していたのだろう。大事なのはそうした一般的な計画ではなく、いかにおもしろくて無駄な空間をつくるか。社会人になると、当たり前のことしかできなくなることがある。当時は偉そうだなと思っていた言葉も、そう示唆してくれていたんだと思い、今は仕事を通じて後輩たちに伝えている。

長谷川倫之（建築設計／東海大吉松研5期生）

—考える49—

絵がうまい人は全体のバランスを見ながら描く 設計も同じ

People who are good at drawing always looking at the balance of the whole. Design is same as well.

設計だけでなく、建築以外の仕事のときや家事育児のときにも思い出す言葉。考えがひとつに囚われたときやパニックになったときに「ああ、今、下手な絵描いてたわー」と、ひゅっと自分や周囲を俯瞰して見渡すことができる。日々の中で「点は線の上にある」と気づかされる。主観と客観のバランスを取りやすくするための大切な言葉。

北原左都子（建築設計・一児の母／東海大吉松研5期生）

服を選ぶとき、君は鏡で全体のバランスを見て選ぶだろ

When you choose your cloth, you look into a mirror to see total balance, right?

30度カッターを片手に、「天空の城ラピュタ」を繰り返し流しながらセリフをつぶやき、始発の電車の音を聞く。目の前のことに夢中になりすぎていた20歳の学生が、模型の講評の際にもらった言葉。物事の全体を、一度数歩下がって見て、バランスを考えるきっかけを与えてくれた。それは瞬間だったけれど、今でも繰り返し頭の中で流れている。笑い声と共に。
田島孝通（内装展示電気工事フリーランス／東海大岩岡研）

― 考える51 ―

コンセプトは建築のプロセスでしかない
The concept is only a process of architecture.

CADやCGで建築をつくり始めた我々の世代。とにかくアイデアや概念をひたすらパソコン上で形にすることに没頭した。するといつのまにか、実際の「建築」よりも実体のない「コンセプト」が主題となり始め、ある特定の場所に建築をプロットするという、建築学生としてできて当たり前のことができなくなりかけた。この言葉によってあのとき意識を切り替えることができたから、今でもリアルな建築に挑戦し続けられているのだと思う。
武田清明（建築設計／東海大吉松研5期生）

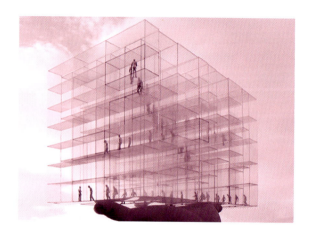

Passage

―考える52―

模型でつくれないものが現実でつくれるわけがない
Nothing can't be made in reality, which can't be made with a model.

設計の授業中の全体講評での言葉。考えれば当たり前なことだが、二次元で理想の形をいくらつくっても実体化できなければ意味がないと、そのときに模型をつくる意義を納得できた気がした。それを今でも思い出すのはプロダクトの仕事をときどきするからかもしれない。今は3Dソフトでの作業が中心で、手でつくれるレベルの模型をつくることはあまりないが、ボリュームやバランスを見たいときに簡易的に作成することが必要となる場合がある。
外山明代（照明メーカー 企画・設計／東海大吉松研1期生）

―考える53―

減額したときに、本当にやりたかったことが見えてくる

When your budget is limited, you can see what you really wanted to do.

自邸の設計で予算オーバーの見積りが出て、減額に次ぐ減額で、やりたかったことができなくなりそうだと途方に暮れていたときの言葉。減額作業をすることで条件が整理され、詰め込み過ぎた要素を減らして、一番やりたかったことだけが残る。結果的にコンセプトが強化されたと思う。ちょうど授業で「引き算のデザイン・足し算のデザイン (p.061)」の課題をやっていたときであった。「引き算」の大切さを再認識した。
白子秀隆（白子秀隆建築設計事務所・東海大非常勤講師／東海大岩岡研）

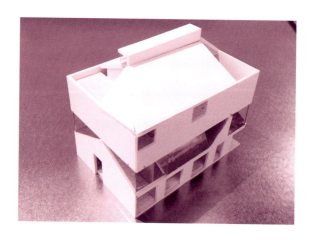

東海大・学部2年後期・設計課題・2008

引き算のデザイン・足し算のデザイン
Shimokita urban renovation
Additional design and subtracting design

【デザイン】*
《絵画などの》下図[図案]を作る。《建築・衣服などを》デザインする。設計する。
〈…を〉計画する、立案する。企てる。〈…する〉つもりである。〈…を〉[ある目的に]予定する。
ラテン語「区画して描く」の意（DE-+sign-, signāre「印をつける」）

デザインという行為は、現状を「整理する」という作業から始まる。それは、
必要条件を「整理する」という抽象的なレベルでもあり得るし、バラバラ
な状態の要素を「揃える」という物理的なレベルでもあり得る。デザイン
という行為の初期段階には、そうした手続きがあり、ほとんどそれでデザ
インの方向性が決まってしまうことさえある。

「整理」したり「揃える」ために、何かを「付加」しなければならないことが
ある一方、何かを「削除」したり、「省い」たりする必要が発生することも
ある。前者を仮に「足し算のデザイン」と呼ぶとすれば、後者は「引き算の
デザイン」と呼ぶことができるだろう。デザインという行為は、基本的に
この「足し算」と「引き算」のバランスで成立している。このことは、イン
テリアのような「領域」や建築のような単体の「モノ」をデザインする場合
に限らず、明確にその輪郭を言い表すことが難しい都市やランドスケープ
などをデザインする場合にも同じことが言える。

今課題では、通称「シモキタ」と呼ばれる小田急線・井の頭線下北沢駅周辺
を対象とした「足し算」と「引き算」のデザインに挑戦してもらいたい。下
北沢をサーベイ（調査）し、対象エリアの中から、気になる部分を選び出し、
実際に存在している何かを「削除」して、その代わりに何かを「追加」する。
削除する対象は、いろいろなレベルで見いだすことができる。特定の建物
を丸ごと取っ払ってしまう方法もあるだろう。「道」を取っ払ってしまう
方法もあるかもしれない。

これまでの課題では、規模や状況こそ違えども「足し算のデザイン」のみ
が要求されていたが、この課題では「引き算のデザイン」を覚えてほしい。
ときには大胆な「引き算」が非常に大きな効果を発揮することがあるのだ
から。サーベイ→分析→問題意識→提案といったプロセスを、自らの体験
をもとに空間化することを期待している。

敷地： 下北沢駅周辺に各自場所を設定する。
建築条件： 建築的、都市的提案であること。
建築面積： 延床面積は特に規定しない。
必要諸室： 周辺環境との関わりに配慮した提案であること。
　　　　　新しいアクティビティを発生させるために必要な機能を含むこと。

―考える54―

素材へのアプローチが簡単すぎる
Approach to materials is too easy.

とあるオープンハウスで聞いた一言。素材を決める際、色や質感、素材の特性を意識して選択しているからこそそういったのだと思う。それによって変容された場は、建築を内からつくられた箱としてだけでなく、常に都市に向けて問題を提起しているように当時の僕は思えた。社会人になって10数年経つ今も僕はそのときの風景・体験を頼りに素材の持つ力を信じて設計している。

長谷川倫之（建築設計／東海大吉松研5期生）

日本女子大・学部3年後期・設計課題・2009

マチエールのある建築
Matiere of architecture

【マチエール】*〈〈フランス〉matière）
1 材料。素材。材質。
2 美術で、絵画の絵肌、彫刻の質感など、作品における材質的効果。また、表現されたもの固有の材質感。

「建築」を作ってほしいと思う。アイデアやコンセプトに留まらず、リアリティのある「建築」を創起する力を手に入れてほしい。

空間は、通常、領域を区切るものによってできている。領域を区切るもの（一般的には壁）には、テクスチャ（肌合い）がある。しかし、その素材感を超えて生み出されるもの＝マチエールによって、空間の質は大きく異なっていく。同じデザインの建築であっても、木造とRC造ではまるで違う建築となり、同じ素材の壁であっても、工法の違いで全く違う空間が生まれる。建築家は、その素材や構造・工法をどう選択していくかによって、当初のコンセプトやデザインを変化させていくことが多い。それがこの課題で求める「リアリティ」である。

この課題は、そういった実際的な建築設計のアプローチを意識的にスタディするものである。従って、敷地はなく、プログラムも100m²程度の専用住宅とする。今までとは全く違うアプローチから、自分にとって魅力的なマチエールを持つ「建築」をつくり出してほしい。

敷地：　　自由。
建築条件：　マチエールのある空間で満たされた住宅であること。構造自由。
必要諸室：　人間のために使われる建築（空間）であること。
　　　　　　建築として成立する機能を満たしていること。（他に依存しない）

Live
生きる

彼の言葉で今明確に覚えているものは僕にはない。だが彼から吹いてくる
風は今でもあのころのままリアルに肌で感じることができる。ほかの誰にも
吹いていなかった彼だけの風。当時の僕はまさに人生の岐路に立っていた。
一度だけ進路相談に行ったことがある。内容はほぼ忘れたが、なぜだか当
時の彼女を連れて行った。今思えば先生との面談に女の子を連れて行くな
んてどうかしている。そしてどういうわけか僕は写真を撮り始めた。それに
してもこれだけの人が彼の言葉、思想を胸に、今を未来を生きているなんて、
本当に羨むほどの幸せ者だと心より嫉妬する。
そして今、僕は写真を撮りつつもちゃんと建築もして生きているのだと思う。
岡本隆史（写真家／東海大）

―生きる01―

動機は不純でいい
Motivation can be impure.

例えば「単純にモテたいから設計をやる」というのも立派な動機なのだと。僕は生真面目な人の背中を押してあげたいときにこの言葉を使う。もっと好奇心の赴くままにやればいいという意味で。動機を維持できれば頑張れる。その結果、力になる。「フィギュアスケートの選手が回転数の多いジャンプをするのはモチベーションを維持するためなんだよ。その結果、見ている人は感動するでしょ」なんていう例えを話してくれた。
重久京平（建築家／東海大吉松研5期生）

Passage

―生きる02―

やってみたいんだろ？　だったらやってみるしかないじゃない　理由なんかあとで考える
You want to try it, right? Just do it! The reason will follow.

学部卒業を控えて、英語もろくに話せないのに海外留学を考えていた時期の言葉。ウダウダ悩んでないで、腹をくくって、行くなら行け、と。先のことなんて分からないし、今それを心配しても変わらない、と背中を押してもらった。「理由」が先になければいけないと思い込んでいた私に「理屈じゃなくて、心が喜ぶほうに行け」と言ってくれたのだろう。これは、歳と経験を重ねるにつれ、私の中でどんどん重みを増す言葉になっている。
中谷文香（建築設計／東海大吉松研3期生）

―生きる03―

疑うこと　本当にそうなのか？　思い込みかもしれない
Doubt it, Is it real? It might be a wrong assumption.

自分に問いかけること。学部4年のデザイン研究のとき、「疑え」と言われた。どちらかといえば先生という人は「信じなさい」と言うのに真逆だ。デザイン研究に出会うまで、何に興味があってもそれを掘り下げたり、違う角度から見ようとしなかった。まっすぐに進むだけでなく、少しは寄り道をした方が、何かに気づくこともある。疑うことは今あるものから何かを生み出すこと、より良いものを探求し続けることだと思う。
齋藤敦（足立区職員／東海大吉松研4期生）

Passage

―生きる04―

君のやっていることは記譜だね
What you do is notation.

Aラボで当時修士1年の愚作を評しての言葉。あまりにもシンプルな要約に唖然とした。そこから、図面という建築の思考・表現ツールそのものを疑い、刷新することを意識できるようになった。実際、アーキプロの作品にも設計を規定する上位概念への意識が強く感じられる。その後の僕といえば、設計図という表記法に時間軸を包含した記譜法を、そしてそこから生まれるなめらかな音楽のような建築を、今も探している。
中村拓志（NAP建築設計事務所／Aラボ3期生）

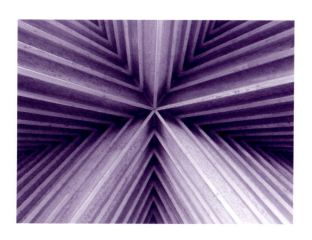

―生きる05―

建築は何万、何億の人を豊かにする力がある
Architecture has the power to enrich tens of thousands, hundreds of millions of people.

進路に悩んでいたときに、心理学に興味があると相談したことがある。なぜ心理学なのかと聞かれ、僕は人の悩みを聞き、役に立ちたいと話しをした。すると「心理学」で君が幸せにできる人はきっと多くても何千人。でも、君が良い建築を設計すれば、何万、何億の人を豊かにし、幸せにすることができる。そんな言葉にそそのかされて、今でも建築設計をしている。
原真人（建築設計／東海大吉松研5期生）

東海大・学部3年前期・設計課題・2012

小学校と豊かさ
Elementary school and richness, Shimokitazawa

東日本大震災や原発事故の経験を経て、建築や都市に対する考え方が変わった人も多いだろう。それは、強大な自然の力への脅威もさることながら、私達にとって本当に大切なものは何かという根源的な問いを突きつけられたからだと思う。建築や都市を設計する者にとって、その「豊かさ」を考えることは、設計の規範となる行為である。この課題を通して、自分や地域にとっての「豊かさ」とは何かを今一度問い直してほしい。

学校建築は、この30年ほどの間に様変わりし、片廊下に教室が並ぶ従来型から、開放的なオープンスクール型まで、様々な学校がつくられた。こうした学校建築の多様化は、教育や学校のあり方が模索され続けてきた結果である。一方、学校を取り巻く社会環境も大きく変わり、より地域に開放された学校が求められ、生涯学習の場や、子育て支援のための設備が設けられるようになった。学校は、社会から切り離された教育のためだけの空間ではなく、都市や地域の生活のための公共空間へと変貌している。震災時の避難場所に多くの学校の体育館が使われたように、現代の小学校は新しい社会的使命を与えられていると言って良い。

小学校という教育のための施設を、都市や社会の側から再考することが、この課題の目的である。どんな空間をつくれば、子どもたちが生き生きと学び、遊ぶ環境と、社会や街との新しい関係が共存できるだろうか？既存の教育プログラムや学校建築の形式にとらわれることなく、これからの日本にとって必要な、公共施設としての小学校空間を提案してほしい。

敷地： 東京都世田谷区代沢
敷地面積： 5,850㎡
建築条件： 少子化が進み、統廃合が議論されている都心の小学校用地に、地域に開かれた、街の核となる小学校（スクール）を計画・設計する。様々な世代にとっての「場」を提案するにあたって、以下の3つの連続性を意識してほしい。
1）都市コンテクスト（文脈）を読み込み、ランドスケープと建築デザインを行うことによる周辺環境との連続性。
2）子どもたち・教員・地域住民にとっての平面的・断面的な動線計画を熟慮し、配置された諸機能の連続性。
3）建築計画にとどまらず、家具デザインから構造デザインに至る思考の連続性。
建築規模： 延床面積4,000㎡程度。
構造形式： 自由。S造、RC造、SRC造など。
必要諸室： 下記を基準面積として提案を行うこと。（提案に応じて変更して良い）
普通教室768㎡（64㎡教室x12室）、音楽128㎡（1室）、理科128㎡（1室）、家庭科室128㎡（1室）、図画工作室128㎡（1室）、図書室128㎡（1室）、校長室64㎡（1室）、職員室128㎡（1室）、保健室128㎡（1室）、共用部2,400㎡（WS・廊下・トイレなど）、提案機能自由（街の核として機能させるもの）。
※200mトラックや100m直走路などは設けなくても良いが、体育の授業が行えるように考えること。
※体育館やプールは各自の提案による。

071

―生きる06―

建築はなくならない
Architecture will never be gone.

建築学科作品集の制作中、企画・編集のおもしろさから、将来は建築の道ではなく、グラフィックの分野も考えていた自分に言ってくれた言葉。建築は総合芸術であり、建築をやっていれば、あらゆる分野の思考、技術、経験ができる。長い歴史のある建築はこの先もなくなることはないだろう。建築を続けている仲間をどこかで羨ましく思うときもあるが、短い学生時代に教授された建築的思考を今の職業でも武器にしている自分がいる。
伊藤圭介（WEBデザイナー／東海大吉松研3期）

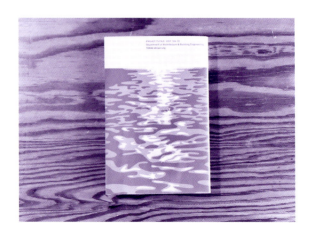

Passage

―生きる07―

自分が建築だと思うことをすればいい　ほかの人から見れば、建築じゃないかもしれない でも建築的思考に支えられていればそれは建築なんだと思う

You should do what you believe is architecture. Some might think it's not an architecture, but if it is made by architectural thinking, it's an architecture.

ずっと「建築設計」にこだわっていた。設計事務所にいながらも、ずっと設計には向いていないと思っていた。苦しかった。でも建物を設計することだけが建築ではない。それはSANAAや西沢立衛建築設計事務所に勤めて身をもって感じたことだ。本をつくること、家具をつくること、手を動かし考えること、つまり創造することは建物を設計することとまったく同じだ、とあるときからそう感じるようになった。それから建築が楽しくなった。
中坪多恵子（アーキテクト／東海大吉松研1期生）

073

―生きる08―

結局ね、何にだって役に立つよ　建築っていうものは
After all, architecture is useful for everything.

組織設計事務所に就職が決定（しかも大阪）。本当に行くの？これでいいの？建築そんなに好きだっけ？ 悩んで、悩んで、聞いた。「ここ（建築）で学んだことは、誰かに何かを伝える仕事。だから、公務員でも接客でも…どんな仕事だってできるよ。役に立つんだ」。この言葉が背中を押して、18年経った今も「何を伝えたいのか？」が私の仕事の原点。
西田美和（設計事務所／東海大吉田研）

Passage

― 生きる09 ―

どんな仕事も誰かの役に立っているということ その仕事をプロとしてできるのは幸福で、その 姿は僕の誇りである

Every job have a meaning for somebody. I'm proud of you being a professional of such a job in need of somebody.

家業に入ることになった。建築とはまったく違う機械設備。機能のみが最優先。美しい、カッコいいなんていう刺激はない。同じような日々に倦怠する中、この言葉が時折頭をかすめ、私を奮起させる。安全を確保すること、機能をまとめ無駄を省き効率をよくすること、メンテナンスが容易にできること、それもデザイン。機械設備としてカッコいい。プロとしてどんな仕事にでも日々尽力することが幸福だと思うようになった。

濱田健吾（機械設計施工／東海大吉松研2期生）

―生きる10―

常に自信をもって主張していくこと　でも同時に聞く耳をもっていること
Be confident about your opinion always, as well as respect opinions of others.

大学を卒業し社会人になる目前、不安を抱えていた私に勇気をもたせてくれた言葉。会社に入ったらいろいろな人がいて衝撃を受けたが、自分の意見を主張しつつ柔軟な心をもつというバランスの大切さを、年月を経た今でも立ち止まって思うことがある。
佐久間絵里（地方公務員／東海大吉松研5期生）

―生きる11―

うん？　信じればいいんだよ
Yeah? You just believe yourself.

やっと研究者として「社会の役に立ちたい」と言えるようになった今でも、迷いがある。地域を引っかき回しているだけではないか？ 命をかけてまでやる意味があるのか？ このまま進んでいいのだろうか？ 自信がもてないときに、「自分を信じろ！自信とはそういうことです」、「信じるためによく考える！」と。そういえば、クーデーターを経験したときも私は私を信じていた。絶対大丈夫！ 初めのリアルな一歩が動き出していく。
狩野朋子（大学教員／東海大吉松研1期生）

この世に絶対はない1
There's nothing absolute exist in this world. Part 1

確率統計の世界では95％を上回ると、その出来事を不自然であるという。ギャンブルでいうところのイカサマを疑うのだ。つまり数学的世界観から眺めると、この世に絶対はあり得ない。とはいえ、そもそも論、95％の完成度を達成させることは実際のところ容易でない。だから私達は専門性を高めるために日々努力することをやめない。

この世に絶対はない2
There's nothing absolute exist in this world. Part 2

しかしこの世は摩訶不思議！イカサマなしに5％を打開して「絶対」を得ることができるから。それは「覚悟」。覚悟を決めるには知識と経験から培われる自信が必要になる。努力がここで実を結ぶ。ずっと「絶対」を使えなかった私だったが、最近は口に出して言う。「絶対大丈夫！」と。これは覚悟を決めるとともに自分を奮い立たせるための言葉である。だって人のlifeにかかわる建築では、失敗は絶対に許されないと思うから。
田村順子（シンガポール国立大講師／東海大吉松研1期生）

―生きる13―

君たちは3歳
You are just 3 years old.

ゼミの面談時、学部3年＝建築の勉強を始めてから3年目の我々に対しての一言。人間でいうと、カタコトながらもやっと自分の言葉で表現ができるようになり、どんどんいろいろなことを吸収できるころ。頑張りなさい、という趣旨だった。就職後、熟練の現場所長との打ち合わせで凹んだときはこの言葉を思い出し、いい意味で開き直っていた。今、建築を学び始めてからだと18歳の自分。これからも成長し続けていきたい。
真島佑介（水環境コンサルタント／東海大吉松研5期生）

―生きる14―

君たちは建築の世界でまだ3歳ちょっと　建築家で40歳は若手だからね
You are 21 years old, but 3 years old in the architect society, architect of age 40 is still a junior.

ゼミで言われた言葉。私が学部1年のときに生まれた甥の成長と自分の建築の成長っぷりを照らし合わせ、「自分は小学校入学できたのか？」「もう中学校？ 生意気なこと言えるくらい成長したのか？」と"何歳"になってもお尻を叩いてくれる言葉。もうすぐ建築の世界で成人式。まだまだだけれど、「これからだ」と励まされる言葉でもある。
北原左都子（建築設計・一児の母／東海大吉松研5期生）

Passage

―生きる１５―

サラリーマンになるなら偉くなれ　偉くならなきゃ意味がない

If you are becoming a company employee, you must be at the top. There is no point unless it reach the top.

その当時、組織に属するなら、その中でトップを取らなければ、自分の目標ややりたいことを実現できないと理解した。進路を考えていたとき、相談を繰り返した結果、最後に言われた言葉で、新しい一歩を踏み出せた言葉だが、私にとっては今でも生きている言葉だ。その日以来、やりたいことや目標ではないが、サブテーマとして「偉くなること」がひとつの重要な指標になっている。

石井智（コーポレートリアルエステート／東海大吉松研2期生）

―生きる１６―

サラリーマンになるなら偉くなれ　偉くならなければ意味がない　組織は偉くなるほどおもしろいことができる

If you are going to be a company employee you should be at the top. Otherwise you won't have any fun at all! As you get close to the top, it will get to do exciting things.

新入社員のひたすらに歩み続けたころには考えもしなかった「組織の中でどうなりたいか、私には何が生み出せるのか？」と時折立ち止まって自問するようになった。入社15年が経ち、就職内定報告の際のこの言葉が身に染みる。ずっと昔に貰った言葉は、いつか迷うその日が来たときのためのお守りであった。思い出す度に仕事を楽しむこと、仕事におもしろさを見出すことの原動力となっている。

平澤暢（駅商業開発／東海大吉松研1期生）

079

―生きる17―

自分を刺激する場に身を置いておかないと絶対にダメになる
Always be in an exciting environment, otherwise you will definitely go down.

現役受験で「大学院」に落ちた。実家がある姫路で受験勉強をして再受験に挑むことを報告したときの言葉。建築を学ぶ友人や建築の情報から受ける刺激が途絶えることを心配したのだと思う。設計事務所のアルバイトで建築とかかわり、設計のモチベーションを保ちながら受験勉強をして、合格に結びつけることができた。今でも、気持ちが停滞するようなときには自分を刺激する場をつくり、設計活動の原動力にしている。
横内浩史（ゼネコン 設計部／東海大吉松研4期生）

―生きる18―

自分を刺激する場に身を置いておかないと絶対にダメになる
Always be in an exciting environment, otherwise you will definitely go down.

よくある会話。「齋藤は暇だろ？」「そんなことないですよ！」。居心地がよく慣れた環境ほど気づかぬうちに自分を染めていく怖さがある。あの建築は良かった、あの国は行くべきだなどと聞いたら、すぐに行く。最近はフィンランドへ行った。やはり暇なのか。経験したことをすぐにカタチにできるとは思っていない。でも刺激的な環境を求め続けることは、建築や都市に携わる人の所作だと思う。
齋藤敦（足立区職員／東海大吉松研4期生）

東海大・学部2年後期・設計課題・2005

都市の場を変容させる建築環境装置
Changing into another urban scene

【変容】*へんよう((名・ス他自))
姿・様子を変えること。姿・様子が変わること。
a change in (one's) appearance; (fml) (a) transfiguration; (fml) (a) metamorphosis ((複) -phoses)
(come to) look different (from what it used to be); (fml) be metamorphosed (into)

【場】*ば
物事が起こり進行している所や局面。
「その一に居合わせる」「一をはずす」「一の数を踏む」(経験に富む)「夏一」
<ア>物が置かれる場所。「一を取る(=占める)」
<イ>取引所の立会(たちあい)。「一が立つ(=行われる)」
<ウ>演劇で、ある場面を中心にした一くぎり。「義士討入りの一」「三幕五一」
<エ>あるものを中心にし、その力が及んでいると考える、その空間。「重力の一」
<オ>その時その所の様子・雰囲気。「一に合う発言」

私達は都市との呼応のもとに生きている。都市から与えられる様々な情報によって、私達の生活は成り立っているのだ。同時に、私達もまた身の回りの環境に対して少なからず影響を与え続けている。だから建築を設計する行為には、ただ建築単体を考えるだけではなく、その建築が置かれる周辺環境を読み解き、それらに対する問題意識を持った上で提案を行っていくことが求められている。

この課題は、この建築設計に必要な「都市との会話」を建築的環境装置として表現する課題である。提案される環境装置は、都市を測定する装置であったり、都市生活を少しだけ揺り動かすものであったり、都市との会話を増幅するものであったり、様々な可能性があるだろう。自分で探し出した都市空間に新たなアクティビティを起こさせる小さな、魅力あふれる建築的環境装置を設けることで、その都市の「場」を変容させるのが目的である。

渋谷、原宿、表参道周辺をサーベイし、対象となる都市空間を見つけ、その分析の中から問題意識を各自が発見し、それらに対する解決策を建築や環境装置として提案する。そこに置かれる、または付け加えられる小さな建築的環境装置が、どのようにその都市の「場」を変容させるかを自由にプレゼンテーションしてほしい。

敷地: 渋谷・原宿・表参道周辺に各自場所を設定する。
建築条件: 建築的環境装置であること。構造自由。
建築規模: 延床面積は特に規定しないが、30〜100㎡基準。
必要諸室: 周辺環境との関わりに配慮した提案であること。
新しいアクティビティを発生させるために必要な機能を含むこと。

―生きる19―

人の能力や性格はだれが決めると思う?
Who do you think will decide your ability and personality?

卒業設計の少し前に、そう聞かれたことが印象に残っている。それは友人や知人、そしてその人たちから広がる輪だと言われた。輪の外側にはさらにたくさんの人がいて社会がある。だから自分の一皮外側にいる人たちにまず認められるよう努力し続けろと。建築についてはもちろんだが、人間性などの面で受けた影響はとても大きい。社会に出る前の大切な時期にこの研究室で過ごすことができたのは、すごく有難いことだった。
番場俊宏(設計事務所主宰・東海大非常勤講師/東海大吉松研1期生)

Passage

―生きる20―

好きな建築家のところへではなく、自分が好きではない建築家のところへ行くこと
Go to architect who you don't like, rather who you like.

進路を迷っていたときに言われた言葉。同一化するなという警鐘だったわけだが、二つの価値観を同時にもつということはすなわち社会に対しても恐れるなという意味でもあったと思う。そして今、多様な価値観を受け入れられるようになった。大きな社会と対峙する機会の多い今、こうして頑張って戦えているのもこの言葉の影響が大きい。

長谷川倫之（建築設計／東海大吉松研5期生）

―生きる21―

僕の大学教授としての作品集は君たちのポートフォリオ
Your portfolio is also my works as a professor at university as well.

大学院受験用のポートフォリオを作成していた際の何気ない会話の一言。この言葉は吉松研究室の看板を背負うプレッシャーというよりも、守護神となって自信と安心感を与えるものであった。近年でも「君たちは僕の建築作品」、「設計の道に進まなくとも、好きな道で何かを生み出し、社会に還元してほしい」と語った。この建築作品は私達が何かを生み出し続けているうちは未完成であり、卒業生としてその一部であることを誇りに思う。
平澤暢（駅商業開発／東海大吉松研1期生）

狩野には社会に返す義務がある
You have an obligation to return it to society.

「博士に行って、結婚して、主婦になる…ってのは…」この発言によって、帰り道の噴水横に雷が落ち、坂道は長くて険しい上り坂となった。当時の私は、地域や社会に生かされていることを、全く気づいていなかった。だが最近は、少しでも社会の役に立てたとき、その喜びが生きる実感になる気がする。もう一度、今度は「専門家として、恩を社会に返していきたい」と言いたい。それにしてもよく叱られたなぁ。でもいつも本気で信じてくれた。
狩野朋子（大学教員／東海大吉松研1期生）

東海大・学部2年後期・設計課題・2002

寄生する
建築に寄生する空間

Live on
Place by living on architecture

live *《動》《自》
〔+on+《(代)名》〕〔…を〕常食に生きていく，常食とする
〔+《前》+《(代)名》〕〔…で，…に頼って〕暮らしを立てていく〔on, off, by〕
・~ on a small income ささやかな収入で生活を送る
・~ on [off] one's wife('s earnings) 妻の稼ぎで暮らす

現存する建築、構造物に寄生する、あるアクティビティを持った小さな空間をつくる。例えば、ビルの屋上、ビルの壁面、駅、橋の下、住宅、地下といった都市の隙間を探し、その場所に相応しい機能を持った空間を提案してほしい。そのとき、その小さな空間はどう寄生するのだろう。何のために、誰のために、何をするのだろう？そしてそのデザインは、寄生される建築や構造物とどういう関係を持つのだろうか？

今、都市において建築は飽和状態にある。新しく建築をつくるには既存のものを壊さねばならない。建築のリサイクルやリニューアルは、都市における建築構築方法の1つとなり、これからますます一般化していくに違いない。こういった「都市のサイクル」を新しい視点で考え、小さな環境建築として表現する課題である。

敷地：　　　 自分の選んだ建築、構造物に各自場所を設定する。
建築条件：　アクティビティを持つ空間（建築）であること。構造自由。
建築規模：　延床面積30〜50㎡程度。
必要諸室：　新しいアクティビティを発生させるために必要な機能を含むこと。

東海大・学部2年後期・設計課題・2001

埋め込むこと
都市のすきまに埋め込まれた環境建築

Embedding
Environmental architecture by embedding to urban gaps

em・bed *《動》(他) (em・bed・ded; em・bed・ding)
1〈ものを〉〔…の中に〕はめ込む, 埋める〔in〕(★通例受身で用いる)
・The bullets were still embedded in his body. 弾丸はまだ彼の体の中に入りこんだままになっていた.
2〈…を〉〔心などに〕深く留める〔in〕(★通例受身で用いる)
・The experience was embedded in his memory. その経験は彼の記憶の底に留まっていた.
3【文法・数学】〈…を〉埋め込む. [EM‐+BED]

私達は、都市との呼応のもとに生きているといって良い。都市から与えられる様々な情報によって、私達の生活は成り立っているのだ。同時に、私達もまた身の回りの環境に対して少なからず影響を与え続けている。こういった無意識に行われている「都市との会話」を環境建築として表現する課題である。

提案される環境建築は、都市を測定する装置であったり、都市生活を少しだけ揺り動かすものであったり、都市との会話を増幅するものであったり、様々な可能性があるだろう。自分で探し出した都市の「すきま」に新たなアクティビティを起こさせる小さな、そして魅力あふれる環境建築を提案してほしい。

敷地：	自分の選んだ都市（町ではない）の「すきま」に各自場所を設定する。
建築条件：	建築であること。構造自由。
建築規模：	延床面積100㎡以下。
必要諸室：	新しいアクティビティを発生させるために必要な機能を含むこと。

―生きる23―

3割が賛成したら成功だよ　イチローだって4割バッターじゃないだろ？

If you can make 30% approves, it's a success. Even Ichiro is not 40% batter, is it?

ニュータウンを舞台にしたアートイベントの住民説明会で紛糾したことを報告した際、背伸びしていた気持ちが楽になったのを覚えている。当時、おもしろいことや楽しいことなら誰もが賛成してくれると思い込んでいた。住民に説明する場に初めて出て、自分の甘さや他者を巻き込むことの難しさを体感した。この言葉で、スモールスタートでもやれることから始めようと思えるようになった。

佐久間洋文（江東区職員／東海大吉松研4期生）

失敗することは10ある選択肢が9つになるということ

Making one failure means, when you have ten options, reducing the options to nine.

たくさんの案やアイデアを考えても一向に前に進まないときがあった。社会人になってからも同じで、失敗が続き心が折れそうなときがあると、いつもこの言葉を思い出す。無駄な作業などなく、一歩ずつでも前に進むことが大切なのだと改めて気づく。

原真人（建築設計／東海大吉松研5期生）

―生きる25―

無料で設計してはだめ　僕たちの職能を否定することになるから　設計の仕事がなくても大丈夫、東京にいれば飢え死にすることなんてないから

Do not design it for free. That is denying our own profession. It's okay even without a design job. Stay in Tokyo, you will not starve to death.

独立が決まり、「好きな設計ができる！」と喜びつつも、生活していけるのか、仕事がなければ無料でも設計しますってくらいの姿勢でやるべきなのか、そんなことを漠然と考えながら報告に行ったときに、ごはんを食べながら何気なく言われた言葉。逃げずに仕事として建築設計に向き合うべきとき、少し辛くて逃げ出したいとき、どちらの場合もセットで思い出す、いつもそばにある大切な言葉。

番場俊宏（設計事務所主宰・東海大非常勤講師／東海大吉松研1期生）

―生きる26―

全部自分でやればいい
All you have to do is do it yourself.

プロジェクトチーフになると、大きな視点でプロジェクト全体を見る立場となる。細かなデザインや設計はチームで分担していくことになるが、すべて自分が納得のいくレベルにもっていこうとすると逆に全体を見失うリスクがあり、チームでやっている以上、妥協点をうまく見つけなくてはならないのかと悩んでいたとき、この言葉をもらった。自分のキャパシティを増やせばできるのだと思えた。強くなれる。
伊藤州平（建築家・東海大非常勤講師／東海大吉松研4期生）

―生きる27―

あと半年頑張れ！
Hang in there for at least half more year.

卒業して設計事務所に勤めていたころ。ハードワーク過ぎる環境に疲れ果て、半年ごとに「辞めたい…」のメールを送り続け、その都度「あと半年頑張れ！」と励まされた。「3年頑張れ。3年経ったら辞めてもいい」──3年経って晴れて設計事務所を辞めたわけだが、その数カ月後には事務所に出戻り、かれこれ10年以上在籍。3年続けないと分からないこと、そして10年以上続けて分かったことがある。継続は力なり。
中坪多恵子（アーキテクト／東海大吉松研1期生）

―生きる28―

10年回せたなら、大丈夫
If you can work self employed for 10 years, don't worry.

確か独立してすぐ、本当に事務所を回せていけるのか不安を打ち明けたときに「どんなことも10年回せたら大丈夫って思えばいいんじゃん？」と言われたのをずっと覚えている。特にひとり子育てしながら開業という無茶をしていたのでヒヤヒヤする場面もあったが、「とりあえず1年回せたから大丈夫」「5年回せたから大丈夫」と悲観を先延ばしするうちに、気づけばもうそんなことすら忘れる歳になっていた。あれはほんと貴重なアドバイスだった。
遠藤幹子（マザー・アーキテクチュア代表／Ａラボ2期生）

—生きる29—

子どもは親についてくるよ
Children will follow their parents.

長くソウルでUXデザイナーをしたあと、帰国にあたって進路の相談を。自分の歩きたい人生と、子どもに歩かせたい人生がひとつにならずに悩んでいた私へのアドバイス。なんというか、子どもは親の背中を見て育つ、というのとも違うことなのだ。歩き続ける親のもとで、子どもが自分の人生を見つけられればいいじゃないか、そんなことであった。
藤村憲之（UXデザイナー／Ａラボ1〜2期生）

東海大・学部3年前期・設計課題・2000

アクティビティを考える
Activity

幼稚園は未就学の子どもを対象とした施設である。小学校同様、学級を単位とした活動が行われるが、小学校が学びの場だとすると、幼稚園は遊びの場である。様々な遊びを通じて基本的な生活習慣を身につけ、集団行動をトレーニングしていく。だから、小学校の教室に比較して、より緩やかで、自由な空間が望まれる。その一方で、園児にとって、初めて親元を離れて幼稚園で過ごす時間は不安なものである。子どもたちの不安を取り除き、温かく迎え入れることのできる空間でなければならない。

幼稚園では建物が立派に見えることが重要ではない。その内外での子どもたちのアクティビティが主役である。彼らのアクティビティが誘発されるような建築を提案してほしい。そのための仕掛けとして、家具や遊具は非常に重要な役割を果たす。建築の中に家具や遊具を置くのではなく、家具や遊具を包む箱をつくるといった発想で建築をとらえ直す必要がある。

子どもたちの目線で空間をとらえ直し、子どもたちの遊び心を触発するような空間をつくり出すことが課題である。

敷地： 現東海大学付属真田幼稚園
建築規模： 延床面積1,000㎡以下。
構造形式： 自由（木造、鉄骨造、ＲＣ造、混構造）だが、必ず説明のつくように設定すること。
必要諸室： 保育室：70m×6m（年少・年中・年長それぞれ2クラス）家具を配置すること。
遊戯室：150㎡
事務室：70㎡
他： ＷＣ、倉庫、給湯室、更衣室、昇降口。
園庭： 遊具の提案・配置を行うこと。

日本女子大・学部3年後期・設計課題・2006

ゴージャスな建築
Gorgeous architecture

gor·geous * 【形】
〔女性がのど (gorge) に飾りをつけた →きらびやかな〕
1 豪華な, 華美な, 華麗な (splendid)
2《主に女性語》見事な, すてきな, すばらしい (delightful)

gor·geous * adj.
1. a. Dazzlingly beautiful or magnificent:
   b. Characterized by magnificence or virtuosic brilliance:
2. Informal. Wonderful; delightful.
   [Middle English, gorgeouse, probably from Old French, gorgias, jewelry-loving, elegant, from gorge, throat;.]

私達は、知らず知らずのうちに禁欲的なデザインが現代的なデザインで
あると思いがちである。しかし、喫茶店を選ぶとき、君たちはどういった
基準で店を選ぶだろうか？ホテルを選ぶとき、どういった部屋を素敵だ
と思うだろうか？ Luxury な空間と Gorgeous な空間とは、どう違うのだ
ろうか？

この課題は、現在、私達が快適だと思う指標にモダニズムはどのように
介入しているのか？という疑問からスタートし、Gorgeous という言葉を
手がかりとして、自分自身の建築設計における評価軸を探求し、新しく
再編することを目的とした課題である。だから、最終的につくるものは、
Gorgeous な住宅かもしれないし、ビルかもしれないし、美術館かもしれ
ない。自分にとって現代的な表現で、Gorgeous な建築をつくり出してほ
しい。

ちなみに、London では、素晴らしい晴れの日に、What a gorgeous day!
と言うのだそうだ。

敷地： 自由。
建築条件： あなたにとって Gorgeous であると思う指標によって設計されていること。
　　　　　構造自由。
必要諸室： 人間のために使われる建築 (空間) であること。
　　　　　建築として成立する機能を満たしていること。(他に依存しない)

096

東海大・学部2年後期・設計課題・2008

階段と家
Staircase and house

雨や風、暑さ、寒さから逃れるシェルターが、建築の原点であると思う。
気候の変化から身を守り、外敵からも身を守る。その答えとして、建築の
屋根や壁は存在している。

つまり、建築を設計する行為とは「領域」を決定する行為であると言い換
えられるだろう。壁や窓、屋根によって、外部と内部の領域を分けること
で、「建築」は成立しているのだ。そう考えると、日頃なにげなく使ってい
る「階段」が、面白い建築的要素であることに気がつくかもしれない。複
数の領域をつなぐ装置として「階段」は存在しており、「階段」という機能
によって多層建築は初めて成立する。

そういう理由なのか、上下の領域がつながれた場所に建築的な魅力を見
いだす建築家は多い。吹き抜けや天井高のある空間に魅力を感じるのが
顕著な例であり、「階段」もまた建築家の腕の振るいどころである。同時
に「階段」を正しく設計できることは、建築をつくり出すために必要な知
識である。トイレ・風呂・キッチンなどの水回りと階段が設計できれば、
住宅はほとんど設計できているのかもしれない。

この課題は、「階段」という建築の部分から、建築全体を考えていく行為
を目的とするものである。建築にとって「階段」とは何か？「階段の魅力」
とは何か？そして「魅力的な階段」とは何か？を考えることによって、上
下の領域が魅力的につながった「家」を考えてほしい。

敷地：　　　自由。
建築条件：　魅力的な階段をもつ小住宅であること。構造自由。
建築規模：　60㎡程度。
必要諸室：　1人の人間のために使われる住空間であること。
　　　　　　住宅として成立する機能を満たしていること。（他に依存しない）

何がやりたいの？
Want do you want to do?

ゼミで考えの浅い提案は禁物であることを学んだ。芯のない考えは瞬時に見破られて一蹴されてしまう。私の提案はことごとく打ち砕かれ、終いには「君は考えが甘いので卒業させないからね」と真顔で言われる始末。何度相談に行っても否定されてしまい途方に暮れた。「何がやりたいの？」という言葉が今も心に響く。辛い時間だったが、やがて本質に向かう感覚が研ぎ澄まされていくのを実感するようになった。
海老沢有吾（建築設計／東海大吉松研2期生）

Passage

―生きる31―

軸足を定める　良い環境を選んで進むのはいいが、環境に依存すると迷ってしまう

Define your pivoting foot. It's good to choosing a good environment as you go by but if you are too dependent in environment you'll get lost.

自分がやりたいことを軸足にしなければ、大学や研究室という環境に流されてしまう。大学院進学を相談したときに言われた。設計ではなく行政へ進むと決めるときにも強く心に響いた。現在も常に意識する。僕の軸足は建築にある。悩むけれど迷わない。軸足を置くことが、行政にいる僕に建築を学び続けさせる。そして、自分の置かれた環境、人のつながりを意識させてくれている。すべて前に進むための自信につながっている。

齋藤敦（足立区職員／東海大吉松研4期生）

―生きる32―

…って、おもしろくない？
...Isn't it interesting?

何回かの異なる文脈で聞いた言葉。大体は、一見バカみたいに見えることの中にモノゴトの本質が隠れているということの、少し茶化した感じの褒め言葉。自分ごととしてしっかり覚えているのは、2009年に私が東北工業大学の教職に応募する準備をしていて、眉間にシワが寄っていたときに、「それは、おもしろい！」とポンと言ってくれたこと。その言葉が、東北に向かう背中を押してくれたのだ。

福屋粧子（AL建築設計事務所・東北工業大准教授／Aラボ3期生）

―生きる33―

うーん、結局きっと独立しないんだよ
Well, after all you will not be self employed.

毎週一度の非常勤をしていた東海大からの帰り道、一緒に車に乗りながらいろいろな話をした。長野オリンピック選手村の仕事の話や、当時勤めていた元倉眞琴さんの事務所を卒業して独立するべきかどうかは毎週の話題だった。卒業する不安と元倉事務所の居やすさの間を行ったり来たりする私にくれたコメント。この言葉にハッとして後押しされて今日がある。
高橋真奈美（建築家・元東海大非常勤講師／東京藝大同期）

―生きる34―

僕は藝大を受けようと思っている
I decided to enter Tokyo University of the Arts.

経歴を見れば当たり前のような言葉であるが、私がこの言葉を聞いたのは、18歳のとき、絵の勉強をするために絵画教室に通い始めたころだった。受験を前に進路を迷っていたとき、神戸を出ることに戸惑っていた私にこの一言は衝撃的で、そんなことを考えてもいいんだというきっかけをもらった。藝大寮でも一緒で、今の自分がここにいるのは、42年前の言葉がきっかけだったのだと今しみじみ思う。
足立裕彦（アダチアトリエ建築計画／東京藝大同期）

―生きる35―

まずは環境をつかむことが大事　あとは本人次第でどうにでもできる
Grabbing the environment first is very important. Then will be everything depend on himself.

大学院に合格したが希望の研究室ではなかったことを報告したときの言葉。千葉大学という環境に身を置くことは入口で、その後の成長と進化は自分の気持ちと行動次第で自由に変えられることをこの言葉に教えてもらったと思う。建築史の研究室だったが、臆せずに設計に関する授業に積極的に参加していく中で不安は楽しさに変わっていった。やりがいや楽しさは環境が与えてくれるものではなく、本人の気持ちと行動が生むものなのだと学んだ。
横内浩史（ゼネコン 設計部／東海大吉松研4期生）

―生きる３６―

インターネットにつながってないやつは人間じゃない

A guy who is not connected to the Internet is not a human being.

最初のゼミで言われた一言。まさか人間にすらなれていなかったとは…。ネットが当たり前ではないあの時代に、電子掲示板（BBS）に溢れる言葉をいつも必死で追いかけていた。夜中にメールをしてもすぐに返信がくる。いつ寝ているのか？まさか人間ではないのか？Macやネットワークの設定から机配置まで、どれも試行錯誤していたのを思い出す。建築の世界に生きようとした僕らに、何事も環境づくりは大切だという本質を叩き込んでくれた。

岸大介（建築設計／東海大吉松研5期生）

東海大・学部2年後期・設計課題・2012

これからの下北沢のための「図書館の ようなもの」

Shimokita place
Library like for the future Shimokitazawa

建築の設計において、public（公共）は欠かせない概念である。社会生活で無意識に使用している施設全てに、public（公共）は存在している。この課題は、下北沢駅北口エリアの中心に位置するブロックを敷地に選び、これからの下北沢のための「図書館のようなもの」を考えることで、現代における公共の意味を問うものである。

現在の本は、文化の根元的メディアとして数百年の歴史を持っている。しかし、この伝統的メディアは、iPhoneやiPadなどの普及に伴って、デジタルメディアに急速に取って代わられつつある。現在の本が全てデジタルメディアに代わると考える専門家は少ないが、その関係性は大きく変化していくだろう。最近では、デジタルメディアに対して、プリントメディアという言葉が使われるようになり、その流通システムも、アマゾン（amazon.com）やiTunes Storeに代表されるように、急激な変化をとげている。本屋も、最近のTSUTAYAのように、様々な機能・役割が付加されたメディアストアへと変わりつつある。図書館もまた、これまでの図書管理を中心としたサービスから、新しい公共施設としての使命を考えなくてはならない岐路にあり、そういった新しい枠組みの公共施設が出現し始めている。

以上のような現状をふまえた上で、様々な文化の街である下北沢に、これからのメディアサービス機能を中心とした「シモキタ・プレイス」を提案し、これからの下北沢に相応しい、都市生活と公共施設の関係を記述してほしい。

（補足）メディアサービスや展示スペース以外に、ワークショップや講演などに使われる小ホール（100〜150人）やカフェなどを設けること。大きな施設ではないので、演劇・音楽・ファッション・食などテーマを選び、下北沢らしい専門的な施設としても良い。

敷地：	東京都世田谷区代沢　小田急電鉄小田原線下北沢駅下車数分
敷地面積：	1,500㎡
	商業地域・建ぺい率80％・容積率500％
建築条件：	構造自由。階数自由。地下可能。
建築規模：	延床面積1,500㎡程度。
	南側道路や東側道路は、法規上4ｍに拡幅しなくてはならないが、提案に応じて判断して良い。敷地内に、公開空地300㎡を設けること。
必要諸室：	メディアテーク（図書＋展示・情報＋メディア）機能、小ホール機能（100〜150人）、提案機能、管理機能（事務室、従業員控室、倉庫、トイレ）、搬入・荷さばき室、機械室（延床面積の7〜10％）。
	駐車スペースは設けなくとも良いが、メンテナンス、搬入などのサービス経路を考慮する。管理、サービスのスペースを確保し、周辺環境も含めた提案を必ず行うこと。

―生きる37―

研究には向いているだろう
You are better at research.

漠然と設計をやっていきたいと思っていたときに、相談した際、言われた一言。正直ショックを隠せなかった。思いあたる節もあり悶々としていたが、学生たち一人ひとりの適正を常に見ていたゆえの言葉だと思うと感謝しかない。大学院進学、学位取得を目指しているときに、負けそうになったときはこの言葉をいつも思い出し、勇気づけられ、その思いを裏切らないようにと頑張ってこれた。今もその言葉を信じて大学教員をやっている。
稲坂晃義（大学教員／東海大吉松研3期生）

東海大・学部3年前期・設計課題・2010

グラウンドのない小学校
Elementary school without a track, Mejiro

みんなは、どんな小学校で6年間を過ごしただろうか？ 学校建築は、この30年ほどの間にずいぶんと様変わった。北側片廊下に教室が並ぶ従来型から、特定の教室を持たないオープンスクール型まで、様々な学校がつくられた。みんなの中には、オープンスクール型の学校で育った人も少なくないのかも知れない。こうした学校建築の多様化は、教育や学校のあり方が模索され試されてきた結果である。そして、それは現在も継続している。

学校を取り巻く社会環境も大きく変わっている。より地域に開放された学校が求められるようになり、生涯学習の場としての利用や、子育て支援のための設備が設けられるようになった。学校は、社会から切り離された教育のためだけの空間ではなく、都市や地域の生活を豊かにする公共空間として活用され始めている。

学校は、教育のための場所である一方、多くの人間が過密に動き回る小都市であり、群れとしての子どもたちが生活する小さな社会だとも言える。どんな空間をつくれば、子どもたちが生き生きと学び、遊ぶ環境が生まれるだろうか？そして、どのようにすれば、社会や街との新しい関係が築けるだろうか？既存の教育プログラムや学校建築の形式にとらわれる必要はない。これまでにない、生き生きとした学校空間を提案してほしい。

敷地： 東京都豊島区目白
敷地面積： 8,260㎡程度。
建築条件： 学校単体の設計だけではなく、地域住民に開かれた機能を複合させた都市型小学校（スクール）を設計する。様々な世代にとっての「学びの場」を提案するにあたって、以下の3つの連続性を意識してほしい。
1）都市コンテクスト（文脈）を読み込み、ランドスケープと建築デザインを行うことによる周辺環境との連続性。
2）子どもたち・教員・地域住民にとっての平面的・断面的な動線計画を熟慮し、配置された諸機能の連続性。
3）建築計画にとどまらず、家具デザインから構造デザインに至る思考の連続性。建築のカタチにプログラムをあてはめるのではなく、プログラムを考えることから建築をつくり上げていくことを目標に、スケッチや図面を描いて案を練り上げ、新しい教育地域施設のあり方を提案してほしい。
建築規模： 延床面積4,000㎡程度。
構造形式： 自由。S造、RC造、SRC造など。
必要諸室： 下記を基準面積として提案を行うこと。（提案に応じて変更して良い）
普通教室768㎡（64㎡教室x12室）、音楽室128㎡（1室）、理科128㎡（1室）、家庭科室128㎡（1室）、図画工作室128㎡（1室）、図書室128㎡（1室）、校長室64㎡（1室）、職員室128㎡（1室）、保健室128㎡（1室）、共用部2,400㎡（WS・廊下・トイレなど）、提案機能自由。（街の核として機能させるもの）
※200mトラックや100m直走路などは設けなくても良いが、体育の授業が行えるように考えること。
※体育館やプールは各自の提案による。（設けなくても良い）

―生きる38―

本当にやりたいことは何か
What do you really want to do?

修士での研究対象をオフィスから住宅に変更。背伸びをしなくても大丈夫だと、背中を押してもらった言葉だった。「本当にやりたいことは何か」——子育てと仕事（医薬品工場・研究所の設計）に奮闘している今も思い出す。これからも道標となる言葉だ。
村竹真純（建築設計事務所／東海大吉松研4期生）

―生きる39―

独立するとは思わなかった
I did not expect, that you get independent.

2016年夏。一緒に仙台・石巻の被災エリアを回る機会があった。長年大学勤務だった私に「菅原は研究職に向いていると思う」と言ってくれていたのだが、半ば「えいや！」と設計事務所を立ち上げたので、学生時代の不出来も含めて、すべてを物語っている言葉に聞こえた。思えば、初めて自分で決めたことだ。大変な分、今が一番楽しく建築に向き合えている。
菅原麻衣子（建築家／東海大吉松研3期生）

Passage

―生きる40―

隣の芝生はいつだって青い
The grass next door is always green.

大学院に進むか迷っているとき、ほかにもやりたいことがある、と相談した。きっといく度となくこんな相談はあったのだろう、笑いながら諭された。見透かされた通り、本当は自分が単に目の前のことから目を逸らしていただけ。ただ、そんな単純な一言だったけれど、腹を括って前に進む勇気をもらった。

原真人（建築設計／東海大吉松研5期生）

―生きる41―

ホストになった方がいいんじゃないのか
Wouldn't it be better to become a man host?

卒業設計の中間発表会打ち上げの後、駅まで一緒に帰っているときに言われた一言。建築に向いていないと言われているのか、怖くてその意図を掘り下げて聞けなかったけれど、何とか今も建築に携わっている。ただ、今も社内でしばしば「建築屋さんっぽくない」とも言われる。なっとけばよかったのかなぁ、ホスト。

真島佑介（水環境コンサルタント／東海大吉松研5期生）

―生きる42―

建築がどうして英語で"Architecture"っていうか知ってる？
Do you know why architecture is said "Architecture" in English?

「森山邸」見学後のお酒の席で小さな講義が始まった。社会人になり数年が経過し、少し変化した関係性の中での特別な講義。今でも記憶に残っているひとときである。なんとなく選んで入ってしまった建築学科だが、好きになった建築設計の仕事をこれからも続けていくことになりそうだ。"Architecture"の語源"Arch"のように僕と建築をつないでくれたひとりである。
花田茂（HANAKENCHIKU代表／東海大岩岡研）

―生きる43―

商品としての建築（家）
Architecture（architect）as a product.

当時、『建築文化』という雑誌で、さまざまな大学が研究室の取り組みを紹介していたが、切り口として吉松研ではこのようなテーマを掲げていた。今思うと、市場原理の中で建築（家）のできることの限界を感じ始めていた私が、その後市場と対抗しうる組織である政府（役所）に入ろうと思ったきっかけとなった言葉である。市場原理で成立している都市や建築に対して何ができるか、私は今も模索し続けている。
大嶽洋一（横浜市建築局／東海大吉松研2期生）

東海大・学部2年後期・設計課題・2007

代官山ヒルサイドテラス・アネックスとしての「現代の教会」
Present-day church as Daikanyama hillside terrace annex

建築の設計において、public（公共）は欠かせない概念の1つである。社会生活を行う上において、無意識に使用している施設全てにpublic（公共）は存在している。この課題は、住宅と商業が入り交じった場所である代官山に敷地を選び、代官山ヒルサイドテラスのアネックスとして、「現代における教会」とは何か？を考えることで、公共の意味を問うものである。

一般的に「教会」とは、共通の信仰によって形成される人々の集まり、またはその宗教活動の拠点となる建物を指す言葉である。この「教会」は、建築や都市の歴史と密接に結びついている。ヨーロッパの多くの都市は、その中心に広場と教会を持ち、それらが精神的な支柱であると同時に、コミュニティ施設としても機能してきた。日本においても、神社（鎮守の森）や寺（境内）を街の「奥」として、コミュニティ活動の中心としてきた歴史がある。しかし、こういった都市と生活の関係性は、現代において失われつつある。各自治体によって、様々なコミュニティ施設がつくられているが、その多くは貸しスペースの集合体でしかなく、かつての教会のような生活の中心となるものとは異なっている。一方で、多くの人たちが教会で結婚式を挙げることをのぞみ、チャペル（礼拝堂・教会風結婚式場）がホテルなどに建設されてもいる。

以上のような現状をふまえた上で、槇文彦氏が35年の歳月をかけてつくり出した代官山ヒルサイドテラスのアネックスとして、あなたが考える現代の教会とそれに付加する施設を提案し、現代社会における都市と生活の新しい関係を記述してほしい。

（補足）この課題は、特定の宗教施設を設計することを目的としたものではないが、キリスト教その他の教会として捉えても構わない。教会には200人程度が集まれるスペースを確保した上で、そこに付加される公共的なプログラムにはなにが相応しいか？を考える。なお、付加するプログラムとして、大規模なカフェやレストラン、休憩スペース等は対象外とする。

敷地：	東京都渋谷区猿楽町
	東急東横線代官山駅下車数分、またはJR渋谷駅南口より東急トランセ
敷地面積：	1,030㎡
建築条件：	構造自由。階数自由。地下可能。
	（敷地には一部高低差があるが、無視しても良い）
建築規模：	延床面積1,500㎡程度。
必要諸室：	教会機能（200席程度）＋提案機能（大規模なカフェ、レストラン、休憩スペースは不可）、機械室（延床面積の7%）
	駐車スペースは設けなくとも良いが、メンテナンス、搬入などのサービス経路を考慮する。教会・提案機能部分における管理、サービスのスペースを確保し、周辺環境も含めた提案を必ず行うこと。

Play
遊ぶ

―遊ぶ01―

先生が楽しめばいいんだよ
Professors should enjoy themselves.

指導する側とされる側という関係を超える、結び目の瞬間に隠された喜び。建築を考える同志としての結び目を折々につくっていく。その結び目が網の目ようにつながり、しなやかで、靭性があるネットワークとなって人生をつくっていく。この語録集も、その結び目の一つひとつなのだ。私も、そのような結び目をこれからつくっていきたいと思う。厳しく、そして楽しんで。
宮晶子（miya akiko architecture atelier・日本女子大准教授／元東海大非常勤講師）

Passage

ー遊ぶ02ー

さて、次の課題、どうしようか？
Well, what shall we do for the next assignment?

長い私の非常勤講師キャリアは東海大から始まった。2001年だからまだ33歳のとき！？じゃあ自分がいちばん年下だったかというとそうでもなくて、同じ世代の若手建築家がゴロゴロいた。若手に機会を与えるのが好きなのだ。いや、若いヤツを試してみるのが好きなのだ。いや、年齢は関係なく、ただひたすら先に先に進めるのが好きなのだ。だから毎回課題を変えて、自分も学生も一緒に前に進もうとする。「変化はすべて成長へ進むみちだから。」言葉にしなくても、いつも目がそう言っている。
蜂屋景二（bbr／元東海大非常勤講師）

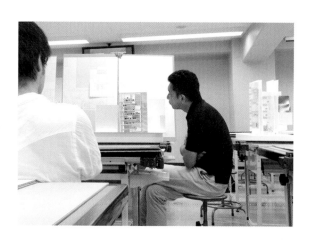

日本女子大・学部3年後期・設計課題・2007

美しい建築
Beautiful architecture

beautiful*   (完璧(ぺき)に)美しい,きれいな;(心・感覚などを)楽しませる;美:[美しいもの,美人,美人たち
lovely*   〈人・容姿・ふるまいが〉(気高く)美しい,心ひかれる;〈事・物が〉すばらしい,美しい
fine*   (並以上に)立派な,すばらしい,見事な,けっこうな;きれいな,美しい
good-looking*   顔立ちのよい,美しい
exquisite*   [ほめて]立派な,すばらしい,美しい
heavenly*   すばらしい,とても楽しい,美しい
picturesque*   絵のように美しい;画趣をそそる
mellow*   〈音・光・色などが〉柔らかい,豊かで美しい
enchanting*   [ほめて]魅惑的な,ほれぼれするような;非常に美しい
fab·u·lous*   信じがたい,とてつもない,驚くべき.すばらしい,わくわくする
wonderful*   すばらしい,みごとな
su·perb*   すばらしい,見事な;極上の.〈建物・装飾などが〉荘厳[壮麗]な,華美を極めた.〈食事などが〉豪華な
fan·tas·tic*   空想的な,気まぐれな,途方もない.法外な.風変わりな,異様な.すばらしい.すてきな.
splendid*   立派な;すてきな,すばらしい
neat*   すばらしい,すごい;すてきな
darling*   魅力のある.すてきな,かわいい
cool*   すてきな.すばらしい.いかす
charming*   (うっとりするほど)魅力的な;(社交上)感じがよい,愛嬌(きょう)がある
attractive*   〈人・微笑などが〉(外見から見て)魅力的な,あいきょうのある
glamourous*   〈人・仕事などが〉魅力に満ちた,魅惑的な
se·duc·tive*   誘惑[魅惑]的な,魅力のある,人をうっとりさせる.

あなたは、建築に感動したとき、どのような形容詞を使っているだろうか？
美しい建築？素晴らしい建築？素敵な建築？きれいな建築？かっこいい
建築？すごい建築？そう考えると、日本語には建築をほめる言葉が意外
に少ないことに気がつくに違いない。

この課題は、現在、私達が建築を評価する指標にはどのようなものがある
のか？という疑問からスタートし、「美しい」という言葉を手がかりとし
て自分自身の建築設計における評価軸を探求し、新しく再編することを
目的とするものである。自分にとって「美しい建築」とは何か？「建築の
美しさ」とは何か？そして「美しくない建築」とは何か？を考えることに
よって、設計する行為とは何か？その判断基準とは何か？を自分に、そし
て他者に問いかけてほしい。最終的につくるものは、美しい住宅かも、美
しいビルかも、美しい美術館かもしれない。美しい設計手法かも、美しい
プランかも、美しいディテールかもしれない。現代的な表現を用いて、あ
なたにとっての「美しい建築」をつくり出してほしい。

敷地：   自由。
建築条件：   あなたにとって「美しい」と思う建築的指標によって設計されていること。
            構造自由。
必要諸室：   人間のために使われる建築（空間）であること。
            建築として成立する機能を満たしていること。（他に依存しない）

日本女子大・学部3年後期・設計課題・2008

日本らしい建築
Japanese-like architecture

japan*	1漆　2漆器.
japan*	日本
Japanese*	1日本の　2日本人[語]の
Japanese*	1日本人　2日本語.
Japanese beetle*	昆]マメコガネ《農作物に害を与える》.
Japanese cedar*	【植]スギ(杉).
Japanese cypress*	【植]ヒノキ(檜).
Japanese persimmon*	【植]カキ(の木)　カキ(の実).
Japanese quince*	【植]ボケ.
Japaneseque*	日本式[風]の.
Japanism*	1日本(人)的特質, ジャポニズム.　2日本愛好, 日本びいき.
Japanize*	〈…を〉日本風にする.　日本風になる, 日本化する.
Japanology*	日本学《日本の事物の科学的研究》.

イタリアにある建築はイタリア建築。インドにある建築はインド建築。
スイスにある建築はスイス建築。では、日本にある建築は日本建築なのだ
ろうか？先日、伊東豊雄の作品は日本の現代都市と似ており、イタリア新
合理主義建築家と同種のコンテクステュアリズム（文脈主義）であるとす
るイタリア人の評論を読んだ。そして、彼は、藤森照信の作品は一見モダ
ニズムに批判的な地域主義に見えるが、日本においては逆の立場にある
のだと続ける。これを私達はどう捉えれば良いのだろう？私達は、Tシャ
ツとジーンズを着てスニーカーを履き、スーツを着てパンプスを履く。西
欧的な暮らしが日常で、着物を着たり、畳に正座する生活は非日常である。
また、建築教育も西欧論理で受け、伝統的建築は日本建築史として知識を
得る。近代以降、日本の建築家たちは常に「日本らしさ」について頭を巡
らせてきた。しかし、現代において、その議論はより希薄であるような気
がするのだ。

この課題は、建築にとって地域性とは何か？という疑問からスタートし、
「日本らしい」という言葉を手がかりとして自分自身の建築設計における
評価軸を探求し、新しく再編することを目的とするものである。自分にとっ
て「日本らしさ」とは何か？「日本らしい建築」とは何か？そして「日本ら
しくない建築」とは何か？を考えることによって、設計する行為とは何か？
その判断基準とは何か？を自分に、そして他者に問いかけてほしい。最
終的につくるものは、日本らしい住宅かも、日本らしいビルかも、日本ら
しい街かもしれない。日本らしい設計手法かも、日本らしい生活かも、日
本らしいディテールかもしれない。伝統的な和風ではなく、現代的な建築
言語による、あなたにとってもっとも「日本らしい建築」をつくり出して
ほしい。

敷地：	自由。
建築条件：	あなたが「日本らしい」と思う建築的指標によって設計されていること。
	構造自由。
必要諸室：	人間のために使われる建築（空間）であること。
	建築として成立する機能を満たしていること。（他に依存しない）

― 遊ぶ03 ―

ここでは日影規制なんて意味ないね
Sun shadow regulation is no use here.

大学院を修了した1984年の春休みに、吉松秀樹さん、山家京子さん、吉見俊哉さん、山中久美さん、小嶋一浩と一緒にバリ島に行った。到着したのは雨季の最後で、水没した道路をボートが行き交う光景が一転、数日で乾季に。赤道直下の足もとに落ちる濃い影を見ての一言。プリミティブな集落の風景の中で、都市の建築法規をもち出す吉松さんの、目に見えるものを無批判に受け容れてはダメだ、という思考に触れた最初の日であった。
城戸崎和佐（建築家／磯崎新アトリエ同期・元東海大非常勤講師）

Passage

―遊ぶ04―

この"ハイライズ"は1km先の運河も庭とみなして面で売ろう
Let's sell this high rise assuming the canal 1km away as its yard.

30年近く前。僕が広告代理店のプランナーとしてコンペ連勝中、とある街に建つ大規模タワーの広告コンペで連勝ストップ必至？！なとき、このスマートなアイデアで圧勝！何もかも新鮮だった。我々、凡人は"タワーマンション"と呼ぶが、天才プロは"ハイライズ"と。以後、"ハイライズ"はデベロッパーの間で符丁となり、「周辺環境の取り込み、同期化」はコンペのマスト採点項目となった。

磯貝眞男（マジックファクトリー代表／友人）

―遊ぶ05―

いいじゃん、やっちゃいなよ1
Sounds good. Do it! Part 1

藝大に入ってすぐ、「全学年共通1日課題」で初めて設計に挑戦したとき、先輩に囲まれてガチガチに緊張していた私に通りすがりに一言「いいじゃん、それでいきなよ」と言って去っていった。不思議なことにそんな一言でも「ほんとかな！これでいいのかな！」と自信がつくもので、ドロップアウトせずに最後まで終わらせることができた。半分諦めていたのを察してくれたのかな。すごいな。

いいじゃん、やっちゃいなよ2
Sounds good. Do it! Part 2

インターネット革命の始まりに開眼してしまった私は修士設計で「編み物建築」を提出したものの、教授陣に「こんなの建築じゃない」と言われ見事落第してしまった。傷心の私にいつも「いいじゃん、好きなことやっちゃいなよ。先生たち頭固いね」と励ましてくれた。Aラボの楽しい仲間といっぱい課外活動をして自信も取り戻し、お陰さまで無事修了することができた。あれは私の建築青春時代？あーほんと、楽しかった！

いいじゃん、やっちゃいなよ3
Sounds good. Do it! Part 3

確か結婚しようか迷っていたときも相談した。留学もしたいけど結婚もしたい、という乙女の悩み。そのときも「いいじゃん、飛び込んじゃいなよ」と言われた。しょっちゅう私がお悩み相談に行くので、フィアンセに付き合っているんじゃないかと疑われて面倒なことにもなった。いつも、人の恋の悩みに相談にのっている体を装いながら、ヒャッヒャっと嬉しそうに全部聞き出してしまう。魔物だ。おそるべし！
遠藤幹子（マザー・アーキテクチュア代表／Ａラボ2期生）

―遊ぶ06―

ヒヤッヒヤッ?!　ヒェッヒェッ?!
Hiyahiyah?! Hyehye?!

「自分をゴージャスにしてみた！」と外見で課題のゴージャス論を表現して、あの独特の笑い声をGET(^-^)V。卒業設計では、衣食住の衣を除いたらビジュアルおもしろい！とヌードメインのビジュアルが先行したが、テーマから結論まで的確に導いてくれた！ビジュアルは思い描きやすいが、そこに理由から結論までをつなげられたとき、人を納得させることができる。その過程が大切だと学んだ。今も大切に活かし続けている。

上松瑞絵（デザイナー／東海大吉松研2期生）

東海大・大学院・デザイン研究・2001

ゴージャス論
Discourse on gorgeous

社会資本としての建築家

社会資本として私達建築家は本当に役に立っているのか？と自問するとき、そこにはかなり大きな社会との断絶を感じる現実がある。その打開策なくして全ての提案は既定路線でしかなく、私達は建築的な提案の上部構造となり得る「なにか」を模索する試みを続けざるを得なかった。議論は「商品建築」から始まった。社会資本の評価軸を考えたいと思ったからである。しかし様々なアイデアや意見が出るものの現在の状況を超えるなにかをイメージすることは困難であった。そこで学生たちの建築への素朴な疑問に答えていくことによって、建築家に見えなくなっている事実を顕在化しようとした。こういった試みの中から出てきたテーマが「ゴージャス」である。

現代建築とゴージャス

「現代建築ではゴージャスなものがつくれないのか？」という疑問が議論の延長線上に位置すると気がついたのは、滞在したLAのホテルにおいてである。スタルクがデザインした真っ白なインテリアは、確かに美しくラグジュアリーさを醸し出している。しかしその現代的でミニマルな仕上げは同クラスのホテルのクラッシーなテイストに比べ、明らかに劣って見えた。だからスタルクのホテルにはヒップな人たちが集まるもののエグゼクティブ層は見あたらない。この事実は大変興味深く、ユニットで繰り広げていた議論にフィットするものに思えたのである。つまり「大衆の夢と建築家の夢がつながっていないこと」が社会資本としての建築家の最大の障壁ではないだろうかという疑問である。

建築の夢・欲望

住宅展示場には大衆の夢の記号があり、マンションの展示会には欲望としてのインテリアがある。しかしその欲望を建築家は正しく理解できているだろうか？私達が喫茶店を選ぶとき、いつもよりモダンな店を選んでいるだろうか。快適という指標にモダニズムはどのように介入できているだろうか？これらはすべて疑問形でしか語られない。ミースは普通のソファでくつろいでいたと聞き、コルビュジエの椅子は座り良いとは思えない。モダンデザインの名作の多くは豪華なものに見えず、そしてモダニズム建築の名作が大衆に温かく迎えられた例は少ない。果たして20世紀の近代建築は将来世界遺産となれるのだろうか？

デラックスとゴージャス

ホテルにはデラックスやラグジュアリーといったクラスがある。これらは共に「LUXE（過多）」を語源に持ち「贅沢、特別なもの」という意味となっている。そして装飾的なものの評価、つまりクラッシーなテイストが高級であるという認識へつながっている。一方「ゴージャス」は「優雅な」という意味を語源に持ち「豪華、華麗」と訳されるが、むしろ「マーベラス、スペクタクル」といった驚きを持った感情の延長線上にあるように思える。私達には、この明確な定義を持たず、ホテルのクラスにも登場しない「ゴージャス」概念が、大衆の夢と建築家の夢を結ぶ鍵となるように思えたのである。

モダニズムとゴージャス

社会的な提案としてスタートしたモダニズムはその主旨ゆえ、ミニマルな、いわば貧困な建築言語を選択せざるを得なかった。その結果生まれた禁欲的なテイストが現在私達建築家の美的評価軸となっている。一方本来の目的である良好な建築の大量供給の達成（日本においては70年代）以降、建築家たちはそのモチベーションを失い、その矛先をデザインやコンセプトといった差別化へ向かわせる。それは建築家のキャンチレバーや吹抜好みに見られるように驚きを持った建築表現へつながっている。この指向は「デラックス」ではなく「ゴージャス」の概念に通じていると考えられるが、その使用言語は禁欲的言語であり大衆の豪華概念と一致しているとは言いがたい。

そこで、私達は新しいモダニズム言語として「ゴージャス」を再評価する作業を試みることとした。今回の発表では、まだまだ途中段階ではあるが、「ゴージャス」をめぐる論議がつきないところを見ると、ゴールにはかすかだが光が見えているような気がしている。

―遊ぶ07―

だから充電はいらない
So I don't need recharging.

ある会話。
「先生はどのように充電されるのですか?」
「僕は好きなことしかしないからねー」「やることがあるだけなんだよ」「全部仕事で、全部遊びなんだよ！ 建築も都市も子どもも」「仕事だと思うことはないんだよね、だから充電はいらない」
これを聞いて、一度自分の脳みそをぺちゃんと本気で潰してみたくなった。
中坪多恵子（アーキテクト／東海大吉松研1期生）

Passage

―遊ぶ08―

例え話・盛り話
Episode · prime talk

よく例えるし、すごく話を盛る。些細な出来事を、壮大な物語にしてしま
う。うまいなぁと思うこともあれば、それはないだろうと正直に思うこと
もある。ただ自信をもって瞬時に言い切るから、強引に納得させてしまう
し、何を意図しているのかよく分かる。共感とその誇張。建築家とはまる
で大物芸人のようだと感じて、まだまだだなぁとつくづく思わされる。
野口直人（建築家・東海大助教／東海大吉松研5期生）

―遊ぶ09―

入るイメージのないシュートをいくら打ったって点が取れるはずがないでしょ？
You can't score a shot without an image to score?

学部4年のゼミ活動で、都市から建築を考える試みとして東京デザインリサーチを行った。ここで得たコンセプトを、卒業設計で建築に落とし込むのだが、なかなか建築に展開できず悩んでしまった。考えを説明しても、「で、君は何がしたいの？」と言われる始末。そんなときにグサッと刺さった一言。「なるほど！」と思ってイメージは膨らんだが、肝心のシュートの打ち方がいまいち分かっていなかった。

原真人（建築設計／東海大吉松研5期生）

Passage

―遊ぶ10―

手を動かせ！　ビジュアルで示せ！
Move your hand! Show your visual!

今でもゼミの提出物ができなくて苦しむ夢を見る。建築や設計とは無縁の生活をしているが、子どもに「プラレールにホームドアがない」と言われスチレンボードで制作し、保育園の父母会のお知らせをイラストレーターで張り切ってつくる。研究室では悩んでばかりだったがイメージを形にする作業は今でも好きだ。手を動かせ！ビジュアルで示せ！
中村かな子（会社員／東海大吉松研3期生）

―遊ぶ11―

社会に出ると、この人ちょっと…と違和感があることが8割以上　気の合う人を大切に

When you go out into society 80% of people you might come across are people that you really can't stand. Take care of your soul mate.

私の会社は少数精鋭だ。よって仕事は都度チームを編成し、コンペに勝つための企画をまとめる。負けたら次はない。文化の違う人が集まり、真剣に意見をぶつけるため、理不尽なことも生まれやすい。それに疲弊したとき、気の合う人と日常を離れる会を始めた。楽しく笑って、美味しい肉を食べる会。それだけだった。今は日常を振り返る、気づきが多い大切な会になった。
宮本明日香（マーケティングプランナー／東海大吉松研4期生）

Passage

―遊ぶ12―

建築（仕事）ばかりがすべてじゃない
Architecture is not your whole life.

社会人になり、仕事だけを走り続けていることにどこか悩んでいたころ。研究室の仲間と登山をしたり飲むことが多くなった。後輩の無茶振りに振り回され困り果てている僕らを見てはいつも笑っていた、そんなときに聞いた言葉。何気ない言葉や共有した時間が、気持ちに余裕がなかった当時の僕には自分自身を振り返るきっかけになり、次の一歩へと思い切らせてくれた。

若杉大輔（デザイン／東海大吉松研4期生）

―遊ぶ１３―

それは男は傷つくよ
That makes a man hurt.

仲のあまり良くない学年だったが、卒業後、数名の同期を交えて飲む機会があり、杯が進むにつれいつのまにか恋愛相談へと…。結局何軒かハシゴし記憶も定かではない中、始発までともに飲み明かしたことと、この言葉は今も胸に残っている。

小林寛子（店舗開発／東海大吉松研3期生）

―遊ぶ１４―

久しぶりだなぁ　研究室はいいから飲みに行こう！
Long time no see! You don't necessarily have to visit me in the laboratory. Let's go and have a drink!

忙しさにかまけて、卒業してから10年経って初めて連絡した。申し訳なさと緊張で、堅苦しいメールを送ってしまった。「迷惑だったかな？ もしかして、覚えていないかも…」と思う間もないくらい、すぐに、「メールありがとう。元気にしてる？」と"明るい軽い"お返事がきた。関係性とか、時間とか、立場とか、"枠組み"をすぐに"ひょいっ"と超えてやってくる。だから、いつも周りにたくさんの人が集まってくるんだなぁ、と思う。

西田美和（設計事務所／東海大吉田研）

Passage

―遊ぶ15―

気がつくの遅いよ　綺麗になったね
You notice me too late. You've become beautiful.

同期友人の結婚式のとき、隣のテーブルにいたのを発見？？当時ちょっと太ってしまった同期の背中で隠れていた。「わぁ！！お久しぶりです！！」と私が声をかけた。そのときの言葉。いや…気がついていたなら、声かけてよ。子育て真っ最中の私はすごく嬉しかった。
向山いづみ（ハウスメーカー 設計／東海大岩田研）

―遊ぶ16―

新婦友人って書いてあったときもある（笑）
The title was a bride's friend as some point. (lol)

僕の結婚式に参列してもらうとき、念のため肩書きを確認した。東海大学教授でいいのだろうか？ もっと長い正式な肩書きはあるのだろうか。「うーん。東海大学教授か東海大学工学部建築学科教授だと思います。特に気にしませんよ。新婦友人って書いてあったときもあるし（笑）」――ここは"新郎友人"と書くべきか、と一瞬思いがよぎったが、その娯楽奉仕の精神はそっと心にしまった。
重久京平（建築家／東海大吉松研5期生）

―遊ぶ17―

ズッキーニはねぇ、焼くとほんとーーにうまいっ！
Zucchini is so good when it roasted.

4期・伊藤州平担当の建築見学会で初夏の軽井沢へ。まずは小洒落たピザ屋でランチ。シェアしていろいろ食べよう！と3種のピザが並ぶ。そこにズッキーニのピザあった。どれも美味しいが、ここでズッキーニ愛が爆発。おやおや？ちょっと興奮気味。めっちゃ目が輝いて！その勢いのまま、ズッキーニをどうこうする激うま簡単レシピを紹介された。耳に入らない。衝撃と親しみがいい塩梅で押し寄せた最高のランチ！
齋藤敦（足立区職員／東海大吉松研4期生）

―遊ぶ18―

ハマグリ君!!
Clam boy!!

ある日、吉松家では、私のことをそう呼ぶようになった。夏の合宿で、バーベキューをした際、何気なく目の前にあるハマグリを食べたところ、しばらくして突然、女の子が泣き始めた。その子は、吉松家の長女で、当時まだ小学校低学年だったと思うが、どうやら彼女の分を横取りして食べてしまったようだ。その日からハマグリ君として、しばらく生息することになったが、食べ物の恨みは怖いことを学ぶ良い機会になった。
石井智（コーポレートリアルエステート／東海大吉松研2期生）

―遊ぶ19―

僕はスピリッツを創刊以来読んでいるよ
I have been read Big Comics Spirits since its first issue.

同期と研究室で何気なく回し読みしていた『週刊ビックコミックスピリッツ』。不意にその姿を見られた僕らは、建築雑誌を読みなさいと怒られるかと思いきや、この一言。大学の先生が、しかも建築家が週刊誌を創刊から買い続けている（？）それはきっとクリエイティブなことかもしれないと思い、どこかやめられず毎週読み続けている。
伊藤圭介（WEBデザイナー／東海大吉松研3期生）

―遊ぶ20―

ゴルゴ13はおもしろい　持って帰るか？
Golgo 13 is fun. Do you want to take it?

建築の本に埋もれた『ゴルゴ13』をグイッと預けられた。持ち帰ることはなかった。
七海毅（建築設計／東海大吉松研3期生）

— 遊ぶ21 —

海外へ旅行をするときスーパーを見るといい生活感を体験できる

When traveling abroad, you better go to the supermarket of the area. You can feel the life of that country.

学部1年で参加したアメリカ研修旅行では、ミース、ライト、カーンなどの有名建築物を一気に見た。それぞれの建築から衝撃を受け、建築物をどう切り取って写真を撮るかに熱中している自分に気づいた。スーパーなどからもその地の食文化やそこで生活する人々の雰囲気が垣間見られる。それ以来、旅行をするときはなるべく回り道をしてその地をいろいろと見るように心がけている。

木内里美（大学研究員／東海大吉松研4期生）

―遊ぶ22―

ディズニーランドに行ったらマンホールの位置までよく見ること

When going to Disneyland, see well even the location of manholes.

ディズニーランドの建築なんてハリボテで興味もなかったが、実は裏動線やマンホールなどの設備を注意深く観察すると、実に良くできていることに気がつく。非日常空間に雨水の処理施設や換気設備は見えなくて良い。来場者が楽しむために考え尽くされている建築だった。普段の何気ない風景にも視点を変えると実はすごく面白いことが潜んでいる。都市や建築の楽しみ方を「ほらこんなにおもしろいでしょ！」と全力で気づかせてもらった。
佐久間絵里（地方公務員／東海大吉松研5期生）

―遊ぶ23―

工場見学はすごくおもしろい
Factory tour is very interesting.

ゼミ旅行の旅程のひとつで工場見学に行った。小中学生のころの社会科見学はなんとなく行事のひとつだと思っていたが、この言葉を聞いたあとから工場を見る目が変わった。非日常的な大空間、見たこともない機械が合理的に稼働する光景、美しく並ぶ無骨な鉄骨の接合部。大人になってもワクワクできる貴重な場所だ。今でも旅行に行くとき、見学できる工場がないかのチェックは怠らない。

重久京平（建築家／東海大吉松研5期生）

Passage

―遊ぶ24―

肩の筋肉が違うよね
The shoulder muscles are different.

ゼミ旅行でのお風呂で言われた一言。人の身体を見過ぎ。どんなことだろうと細かいことにもよく気づくし、観察してる。興味の塊みたいな人。何気ない一言だけど、今でも覚えているくらい印象的で、当時バスケ部だった僕は部活以外でも身体のチェックをされていると思うと気が抜けなかった。たとえどんな分野の話だろうと、中途半端なことでは相手にされないんじゃないかという怖さと、この話に食いつくかなというワクワク感がいまだにある。

野口直人（建築家・東海大助教／東海大吉松研5期生）

東海大・学部2年前期・設計課題・1999

××しながら住むスペース
新しい都市生活スタイル（像）を見つける

Living space with ~ing
Find alternative urban lifestyle!

住むことについて考えて来たが、今回は社会とのかかわりを条件に加え、住むこと（生活すること）について再考してもらう。

そもそも専用住宅というものが出現したのは19世紀になってからである。それは産業革命によって多くの労働者を一度に収容するための巨大施設が必要になったからに過ぎない。近代建築はそんな時代を担って巨大かつ単一の機能を持った施設をつくりあげた。住居もいつしか住むという単一の機能を持った建築へと変容していったのである。

ところが、今日インターネット等の普及によって、その労働体系そのものは新たな変容を遂げつつあるといって良い。現に在宅勤務なる労働が可能になった今、わざわざ満員電車に揺られ労力と資源を浪費し、環境問題を肥大化させるだけが私達の進む道ではない。

そこで住むという単一の機能にそれ以上の機能を加えることによって、これから求められるであろう生活スタイルを記述してもらうのがこの課題である。ひとりで働くホームオフィスではなく、コンパクトながらも社会的集団生活ができる建築を想定し、そこに住むことを提案してもらいたい。

敷地：　　　6m×30mの短冊型の敷地。
建築条件：　住人は生計を別にする複数の家族。（3家族以上）
　　　　　　全員が通勤をしないものとする。
　　　　　　短辺が接道し、南側は6m公道に北側は4mの緑道に接している。
　　　　　　北側緑道は南側公道より3m高いものとし、敷地内の形状は自由である。
　　　　　　周辺環境は自由であるが、必ず設定すること。
建築規模：　延床面積は約300~500㎡程度。建築面積は自由。
　　　　　　但し、民法上は敷地境界から建物が50cm離れていなくてはならない。

東海大・学部2年後期・設計課題・2006

9坪ハウスプラス
9 tubo house plus

「9坪ハウス」プロジェクトは、1952年に建築家の故増沢洵氏によって建てられた自邸「最小限住居」を原型として、5.4mキューブの中に生活に必要なものをコンパクトに納めた、商品としての住宅を考えるプロジェクトである。

この課題は、この9坪ハウスプロジェクトをベースとして、新たな空間や機能をプラスすることで、より拡がりのある建築を提案するものである。付け加える空間や機能は、下記の9坪ハウスの特徴をできる限り活かした上で、建築の内外どちらに設けてもかまわないものとする。また、住宅以外の用途も可とするが、トイレ・給湯・風呂・シャワーなど必要と思われる建築設備を必ず設けること。

1. 平面は正方形（3間[5.5m]×3間）のプランとする ⇒ 汎用性と美学

3間×3間
正方形のプラン

2. 3坪の吹き抜けを設ける ⇒ 空間の連続性

3坪の吹き抜け

3. 外形は14.8尺（約4.5m）の切妻屋根 ⇒ 単純性・合理性

14.8尺の切妻屋根

4. 丸柱を使う ⇒ 構築性・柔らかさ

丸柱の使用

5. メインファサードには開口部を設ける ⇒ 比率・内外の一体化

メインの開口部
12尺×13尺の大窓

139

―遊ぶ２５―

僕には友だちがいっぱいいる
I have lots of friends.

「彼女は僕の同期なんだ」、「彼は酔っ払うとヤクザなんだ（笑）」…第一線を突っ走る友だちの話がよく聞こえてきた。友だちの話をするときは、あの鋭く光る目がいつもにこやかだった。あれから20年、同期が私にとって、かけがえのない存在になった。最近、仕事を一緒にする機会をもてるようになり、20年間歩んできた道が重なった。この人たちは、どうしてこんなにおもしろいんだ？
狩野朋子（大学教員／東海大吉松研1期生）

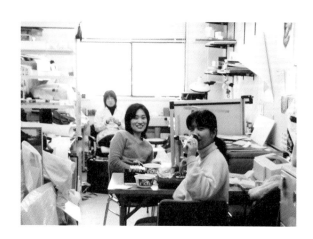

Passage

―遊ぶ２６―

もう少し欲があった方がいいよね　ほら彼女は欲があるだろ
You'd be better have a little greed. Look, she's greedy.

彼女は共同卒業設計をした友人。建物の「設計」ではなく解析データをモデル化した新しい「都市の記述」に取り組んだ。そしてそれぞれの道を歩んで20年。お互いの環境は大きく変わったが、原点は変わらない。「欲があれば自分を信じることができるんだよ。だから物がつくれるんだ」独立した今、あのときと変わらず新しいことに挑戦し続けている彼女のように、もっと欲を持って前に進んでいきたいと強く思うようになった。
中坪多恵子（アーキテクト／東海大吉松研1期生）

―遊ぶ27―

同期と仲良くすること
Keep in touch with your peers.

シンプルなこと。ただ仲良くするのではなく、相手を深く理解し、良い考えとやり方は自分にすぐインストールしたらいい。それは次に何か創造するときの近道。彼女ならこう考える。脳内擬似会議はスピードと質を上げ、アイデアは強さを増すだろう。これを意識すると相手への興味と質問が増えた。
宮本明日香（マーケティングプランナー／東海大吉松研4期生）

東海大・学部2年後期・設計課題・2010

7人ですむところ
両国に集まって住む意味を考える

Living place with 7 people
Think a meaning of the gathering life at Ryogoku

個の時代だと言われて久しい。携帯が普及し、求める情報にいつでもつながる社会を手にして、社会や家族への帰属意識はますます希薄になっている。誰にも会わなくても、働いたり学んだりできる一方、コミュニケーションへの渇望が生む、様々な社会問題も引き起こされてきている。

統計を見ると、2005年度に全国で29.5%であった単独世帯率は、2030年には37.4%になると予想されている。(2005年の世界の単独世帯率上位は、スウェーデン46%、ドイツ39%、ノルウェー38%、デンマーク38%)現在の東京の単独世帯率は43.5%で、新宿区58.09%。渋谷区57.49%、中野区57.22%、中央区56.60%、豊島区56.29%と 上位の区は50%を超えている(平成22年予測値)。都市部では、もはや1人で住むことの方が普通になりつつある。しかし、都心の家賃は総じて高く、都心でゆったり暮らすことのハードルは高い。結果として、小さなワンルームマンションやアパートばかりが目立つのが、現在の東京である。

こういった現状をふまえて、両国という東京の下町に、異なる生活スタイルを持つ7人が生活する場所を設計してほしい。現代において、集まって住むこと(生活すること)の意味を再考する課題である。それはシェアハウスかもしれないし、小さなコレクティブハウジングかもしれない。SOHO(small office home office)かもしれない。だが、全員が共有するスペースは必ず持たせてほしい。

敷地は広くないので、多層(3層以上)になるだろう。7人が快適に住むためには、複数の領域をつなぐ装置として「階段」に注目してほしい。また、トイレ・風呂・キッチンなどの数やスケールも重要な要素になるだろう。2年生の最後に、建築の基礎となる水回りや階段の「スケール」を意識しつつ、新しい7人の住まい方を描いてほしい。

敷地： 　東京都墨田区石原
　　　　　JR総武線両国駅徒歩15分・大江戸線両国駅徒歩5分
敷地面積： 127.28㎡
敷地条件： 商業地域・防火地域・建ぺい率80%・容積率500%
建築条件： 生計を別にする7人が生活をする。(複数の家族でも可能)
　　　　　全員が共有するスペースを必ず持つこと。
　　　　　構造自由。階数自由。(地下不可)
建築規模： 延床面積240㎡程度。建築面積は自由。
　　　　　但し、民法上、敷地境界から建物が50cm以上離れていること。

―遊ぶ28―

320ギガバイト？　少ねえなあ
320 GB? Very small.

80年代のSF小説『記憶屋ジョニィ』(ウィリアム・ギブスン)について雑談していたときの言葉。主人公に埋め込まれた記憶チップ容量は320GB、という設定なのだが…この、1996年にして「320GB少ないね」発言は、なぜかそれ以来私の中でずっと、確固としたひとつの指標になっている。「今度のiPhone、256GBですよ」「少ねえなあ」「十分じゃないですか？」などと、心の中でやり合うのである。

松岡恭太（CGプロダクション代表／Ａラボ3期生）

―遊ぶ29―

Mac 持ってる？持ってると、おもしろいことになるよ！
Do you have a Mac? Having it will get fun!

1994年、大学を休学して1年間好きなことを目一杯やろうと決めた私。大学の掲示板に貼られていて目に止まったのがＡラボの1期生募集であった。初めて事務所で会ったときに聞かれたのがこの一言。そして私はさまざまな学校から集まった仲間のもとでコンピュータとデザインの研究をすることになり、後年メディアアートやUXの仕事をするようになった。ありがとう、Ａラボの仲間！

藤村憲之（UXデザイナー／Ａラボ1〜2期生）

東海大・学部2年後期・設計課題・2006

これからのプリントメディア・サービスのあり方
What's book shop ?
Printing media services in the future

建築の設計において、public（公共）は欠かせない概念の1つである。社会生活を行う上において、無意識に使用している施設全てにpublic（公共）は存在している。この課題は、住宅地と商業が入り交じった場所である代官山に敷地を選び、最も日常的な文化的接点である本屋を題材として、公共とは何かを考えることを目的とするものである。

現在の本は、文化の根元的メディアとして数百年の歴史を持っている。しかし、この伝統的メディアは、デジタルメディアに急速に取って代わられつつある。現在の本が全てデジタルメディアに代わると考える専門家は少ないが、その関係性は大きく変化していくに違いない。最近では、デジタルメディアに対してプリントメディアという言葉が使われるようになり、その流通システムもアマゾン（amazon.com）に代表されるように、急激な変化をとげている。本屋は、もはや単なる本の物流拠点としてだけではなく、様々な機能・役割が付加された新しい公共性を獲得しつつあるのかもしれない。

以上のような現状をふまえた上で、最先端のおしゃれな街でもある代官山に、あなたが考える新しい時代のプリントメディア・サービス施設を提案し、これからのプリントメディアと都市生活の新しい関係を記述してほしい。

敷地：	東京都渋谷区猿楽町 東急東横線代官山駅下車
建築条件：	構造自由。階数自由。
建築規模：	延床面積1,500㎡程度。
必要諸室：	ブックショップ機能、小ホール機能（100〜200人）、展示情報機能、カフェ、管理機能（事務室、従業員控室、倉庫、トイレ）、搬出入・荷さばき室、機械室（延床面積の7%） 搬出入経路を考慮し、周辺環境も含めた提案を必ず行うこと。

―遊ぶ30―

ズルチン！
Zuruchin!

藝大の学部2、3年生のころだっただろうか。クラスのみんなでスキーをしに山岳部の山小屋へ。雑魚寝しながら「しりとり」を始めた。かなり続いたものの、「ず」で終わる単語が続き、だんだん答えが出なくなる。長い沈黙を破って一声。「ズルチン」…「オー！」歓声と、「何それ？」「さすが博学！」賞賛の声。でも、しりとりは終了となった。本当に、幅広い知識をもっている。
平田［永井］真由美（建築家／東京藝大同期）

―遊ぶ31―

ね、可愛いでしょ
Isn't it not cute?

と言ってけらけらと笑う。私とは藝大の同級生。最初の顔合わせのとき、「灘高から来ました」という言葉に一瞬ざわめいた。馬鹿げたことはせず、クールな雰囲気をまとっていた。その印象が変わったのは学部3年後期課題のとき。毎週提出があり、毎回前日は5人くらいが製図室で徹夜した。気づくと大抵一緒だった。いろいろな話をし、可愛いものも大好きな人懐っこい性格とわかった。以来、ときには歯に衣着せぬストレートな意見をくれる有り難いかけがえのない友人である。
高橋真奈美（建築家・元東海大非常勤講師／東京藝大同期）

―遊ぶ32―

ケチではなくて、合理的って言って
I'm not stingy, I'm rational.

確かに、合理的。無駄なお金は使わない。無駄な時間も過ごさない。悩んだり、悪口言ったりするのは「無駄だから僕はやめた」らしい。多くの人は分かっていても、無駄なことばかりしてしまうものなのに。その合理的かつポジティブなスパイラルはどこからくるのだろう。でも、やっぱりケチだとも思う。
村山順子（テキスタイル作家・大学教員／京都市立芸術大同期）

―遊ぶ33―

どの子？　どの子？
Which boy? Which boy?

ある学校で教えるようになったとき、「お気に入りのイケメンの子がいるんだー」とついつい話してしまったら、「ボクがチェックしてあげる（笑）」みたいな話になって、講評会に来てもらうことになった。来た途端、「どの子？　あの子？　それともあっち？」とうるさくて、その子への講評だけなぜかえらく辛辣で、「この人は何をしに来たんだー！」と困ったのを覚えている。今、考えると悪い先生たちでしたね、すみません。
遠藤幹子（マザー・アーキテクチュア代表／Aラボ2期生）

147

ー遊ぶ34ー

うーん
Ahh

語録ではないけど、
あの文字表記困難な、
建築大好きな、小爆発的な笑い方が、
いいね。
何かが腑に落ちたときに、
たぶん炸裂する。
語録なら「うーん」かな。
これは「う」と「ー」と「ん」の強弱・長さが時と場合により異なって組
み合わされる。
解釈自体はたぶん即決していて、
そのことに悩んでいるのではなく、
解釈したものをどのように教育の現場で共有していくといいか思考してい
る「うーん」、
たぶん。
深読みし過ぎか。
佐々木龍郎（佐々木設計事務所・建築家／東海大非常勤講師）

Passage

―遊ぶ35―

ちょっ…っとちがう
Bit diffrent.

たぶん多くの人が耳にしたことがあるだろう口癖のひとつ。言葉面では「ちょっとちがう」なんだけど、「ちょっ…っとちがう」という言葉に託す気分は「ちょっと」じゃなくて「だいぶ（ちがうなぁ）」という感じかな、と私は理解している。でもたぶん「ぜんぜんちがう」とか「ダメだ」とは言わずに「ちょっとちがう」と言うときには、「理解はした」とか「なるほどね」というタメがあるときだ、とも思う。
これを読んだら「ちょっ…っとちがう」って言いそうだが。
堀井義博（AL建築設計事務所／元東海大非常勤講師）

日本女子大・学部3年後期・設計課題・2005

とても小さな家ととても大きな家
Minimum house versus maximum house

min・i・mum*／(⇔maximum)
―《形》[A] (比較なし) 最小の, 最小[低]限の
―《名》[C] ((複)～s, -ma／-L／)
1 最小[最少]限度, 最低限[額], 最少量
2【数】極小.
―《副》(口語) 最小[低]限

max・i・mum*／(⇔minimum)
―《形》[A] (比較なし) 最大の, 最高の, 最大[最高]限度の
―《名》[C] ((複)～s, -ma／-L／)
1 最大限[量], 最高点
2【数】極大.
―《副》最大限, 最高

建築を構成する要素として存在する「空間」と「機能」の関係を再定義することを目的として、住宅におけるミニマムとマキシマムを考える課題である。既存の住宅の定義を取り払い、新しく建築を再定義することを前提とし、決して現在の住宅を小さくしたり大きくしたものを設計することのないように。

敷地：　　　自由。
延床面積：　minimum house 15㎡以下。(室内のみ)
　　　　　　maximum house 1,500㎡以上。(室内のみ)
構造形式：　自由。
必要諸室：　全てが居住者1人のための空間であること。
　　　　　　住宅として成立する機能を全て満たしていること。(他に依存しない)

東海大・学部1年後期・造形課題・2000-2001

「場」を生成する
Gathering spot

【場】*ば
物事が起こり進行している所や局面。
「その一に居合わせる」「一をはずす」「一の数を踏む」(経験に富む)「夏一」
<ア>物が置かれる場所。「一を取る(=占める)」
<イ>取引所の立会(たちあい)。「一が立つ(=行われる)」
<ウ>演劇で、ある場面を中心にした一くぎり。「義士討入りの一」「三幕五一」
<エ>あるものを中心にし、その力が及んでいると考える、その空間。「重力の一」
<オ>その時その所の様子・雰囲気。「一に合う発言」

東海大学湘南キャンパス内に各自場所を設定し、なんらかの操作、仕掛け
によって人が集える「場」を提案しなさい。

キャンパス内には学生たちが「たむろできるような場所」が不足している。
それがどこにあってほしいかを考え、既存の場所に変化を加えることによっ
て、そこに人が集まりやすい「場」を生成することがこの課題の目的である。
テーブルや椅子、四阿(あずまや)を並べることが「場」を生成することに
は直接にはつながらないことに留意してほしい。

建築条件： 操作、仕掛けの大きさ、数、材料、色などは自由とする。
操作、仕掛けによってそこに「場」を生成させること。
各自設定した場所を写真に撮り、それをもとにコラージュ、ドローイング
で表現する。ドローイングには、人間を複数名入れること。

―遊ぶ３６―

……

……

『住宅特集』に載った「うなぎの寝床の家」のオープンハウスにて、一通り見たあとの最後のコメントは「……」。批評するネタがこの建築にはないという意味であろうか？
井上玄（建築家・東海大非常勤講師／東海大吉田研）

―遊ぶ３７―

線が多いね
There are too many lines.

リビングに飾る彫刻をおく雛壇、これをファサードに表現した住宅を見てもらったときの一言。「線が多いね」。内部の構成を外部に素直に表現したつもりなのだが…その考えが古い、という意味であったのか──。
井上玄（建築家・東海大非常勤講師／東海大吉田研）

Passage

―遊ぶ38―

こういったディテールが分かる人、今どれだけいるかな　でもこれ藝大出身の住宅作家によくある傾向なんだよね

I wonder how many people are able to understand such detail now. But it is a common tendency for those from the Tokyo Art University.

私の設計した「RSH:6」の中庭に面した木製建具と外壁の納まりを見ながら立ち話。ディテールは空間表現のための手法なので、当然ディテールが目的化してはいけない。それがコメントの前半。空間の雑音がなくなればプロポーションはより純粋に見えてくるものだ。ただその手法にも保守的なアプローチがあって、そのことを指摘された。善し悪しではないと思うが、作家性がディテールの選択に表れるような気がする。それが後半。
岸本和彦（建築家／元東海大非常勤講師）

―遊ぶ39―

こげ茶に塗れないだろ

You can not paint dark brown.

2016年12月藝大同期会、筑波の作品「司化成工業 つくばテクニカルセンター」を見ながら感想を話していたとき。私が「普通ならクリヤーで明るく木質感を表し軽快に浮遊感を出すところ、こげ茶に塗るのはすごいね。質量感を逆に与えて、わずかな支点で支えているこの空間に緊張感と力強さを与えている」と言ったのへの返答。温かなほほえみとともに。
馬渡誠治（松田平田設計／東京藝大同期）

―遊ぶ40―

真奈美ちゃんはひとりでやらないの
Manami, why don't you do it by yourself?

2017年春、吉松邸テーブルを囲んで。私が「製図室で安い電気ポットでネスカフェ入れて、製図台の角に浅く腰載せてかっこ良く話してたの、覚えてるよ」と和んでいる流れで、独立して20年、パートナーと組んで設計を続けてきた、親友に語った言葉。ひとりでつくることのオリジナリティへの想い。
馬渡誠治（松田平田設計／東京藝大同期）

―遊ぶ41―

怒られたから、ガンバってる（＾ー°）
I'm pushing myself even harder ever since you yelled at me and cheered me up!

藝大時代、兄貴的存在でsuper positiveな彼によく相談したり励ましてもらったりしたものだが、数年前LAで久々の再会の折、いつもの彼らしからず「建築家としての自分の将来」になぜか弱気な姿勢でブツブツ言っているので「あら珍しい」と思いつつも立場逆転、私一喝「甘えてるんじゃないわよ！！」。後日LINEで「怒られたから、ガンバってる（＾ー°）」…どうやら彼は怒られて伸びるタイプらしい！
松本佳絵［aka Kae M. Black］（作編曲家・Pianist／東京藝大同期）

―遊ぶ42―

いつも飄々としているたたずまい
He has always atmosphere of aloof from the world.

我々のいた藝大建築科は1学年15名と少人数でアットホーム。加えて世は好景気で今からでは考えられないくらい暢気に過ごしていた。多くの同級生はそのまま藝大の院に進む中で、わざわざ東大の院へ挑戦。その後も磯崎新先生のアトリエ、ストイックな建築家・教職へ。いずれもあえて自分を追い込んでのことである。都会的で熱さや努力など人に見せるものではない、と言わんばかりに飄々としている。
木村明彦（図工ランド代表／東京藝大同期）

―遊ぶ43―

自邸訪問
Visiting his own house.

自邸を訪問させてもらった。建築雑誌の写真では分からなかった、心地良い空間の広がりを知ることができて素晴らしい経験だった。20坪を切る敷地に、あれほど豊かな空間が実現できるとは目からウロコだ。帰り際、明るく照らし出されたガラス箱2階のリビングから優しく手を振る姿は、映像として目に焼きついている。平凡な日常の景色をさり気なくドラマに変えてしまう建築家の才能に乾杯。
武田有左（＋ANET lab.／東京藝大同期）

─ 遊ぶ44 ─

真っ白な模型
Very white model

卒業設計で真っ白な模型をつくっていた。若干光沢のある紙でつくられていたのだが、カラフルでないにしても淡い色を必死に振り分けてつくった僕の作品からは対極にあり、少し遠眼にはギリシャの大理石のレリーフのような神々しさと知性を感じショックでもあった。感性と知性、それと純粋な思考と表現、マネのできないカッコ良さを見て将来スターになるんだろうな、とずっと思ってた。やりましたね！
泉谷浩（鹿島ヨーロッパ副社長／東京藝大同期）

─ 遊ぶ45 ─

出逢い
Encounter with Yoshimatsu

1978年の藝大建築科入学試験の実技試験が最初の出会いである。その年は例年と違い絵画棟アトリエでの静物デッサンが実技試験の1科目であり、そのとき受験番号が近かったのか同室での受験となった。そこでT定規を持ち込み垂直線を引いていたのが彼である。そのため実はあまり良い印象はもっていなかった。

入学後、1年時の冬に誘いを受けて彫刻科の同級生と3人でスキー場のペンションで住み込みアルバイトをした。そこで約1カ月寝食をともにして人となりを知るようになる。熱く語らったわけではないが、淡々とした口調で話す内容は自分とは違う視点をもっていて新鮮だった。勉強家であり深い洞察力の持ち主を友人にもてたことは私の財産である。
加藤晴男（設計事務所代表／東京藝大同期）

Passage

― 遊ぶ46 ―

時間と空間をつなぐ
Connect of time and space

磯崎新アトリエ時代に今おもしろい現場にいるので見に来ないかと誘われた。
「お茶の水スクエア」の設計監理をしていたのである。私が近代建築に興味
をもっているのを知っての配慮だったのだろう。外観のヴォーリズ設計の「旧
主婦の友社ビル」のファサードを復元し、オフィス、音楽ホールの新しい
デザインは時代を超えた価値観の融合であった。案内を受けながら保存再
生について語り合った。

風間龍太郎（インテリアデザイナー／東京藝大同期）

― 遊ぶ47 ―

21年
21 years

私とは同じ時期、同じ授業で東海大での教育をスタートさせた。それから
ずーっと同じ授業をさせてもらっている。建築に対して違う考えはあっても、
根底では共通することも多く、設計教育では同じ方向を見ていた感じだし、
お互い自分のもっていない部分を相手に見つけるのは新鮮な刺激だった。

まだまだ若かりし私達は、授業で学生に新しい建築を示すための忌憚なき発
言をしていて、講評会後に「吉松先生、古見先生、今日の講評はどうでしょ
う？」と、ある先生から、よくログハウスで反省をさせられた。昔は頻繁に
下北沢で飲んだくれた。「今度のコンペ、いっしょにやらないか？」と何度
か誘われたが、いつも私のタイミングが合わず、せっかくのチャンスを逃し
てしまってほんと申し訳ない。いつか。今度こそ。

古見演良（プラステイク／東海大非常勤講師）

東海大・学部3年前期・設計課題・2002

都心に建つ多層建築としての現代美術館
Guggenheim Aoyama
Contemporary art gallery as multi layered architecture

「ギャラリー」＝観客席、回廊という意味が示すように美術館とは、陳列品を見せるためのスペースを意味していた。19世紀以後、ときには国家の、あるときは個人の権威の象徴として、ギャラリーは美術館というビルディングタイプに変身した。一方、20世紀後半から、急速に肥大化した都市の問題を背景に、芸術はそれまでの絵画、彫刻といった殻を破り様々な実験を始めた。それは、現代アートが社会の変化そのものをコンテクストとして成長してきたということでもある。言い換えると現代アートとは、様々な「場」の可能性を自ら探す芸術なのだと言って良い。

今回の課題は、世界にネットワークを広げようとしているグッゲンハイム美術館の東京ブランチを核に、現代アートの拠点となる複合施設の提案を求めるものである。課題のポイントは2つある。1つは現代アートをサポートする空間とは何かということであり、都市を自らフィールドワークすることや、人間の身体や行為の原点を考えてみることにヒントがあるかもしれない。もう1つは、この場所のコンテクストをどう捉えるかということであり、人の流れや周辺環境を観察することや、「モール」や「コート」といたアーバンデザインの基本コードを調べてみることにヒントがあるかもしれない。今、東京の土地は、投機という概念によっていきづまり、公共性という概念が再び問い直されている。人々が集まり、憧れの的となるような空間の再生を期待している。

敷地：　　　東京都港区北青山　東京メトロ表参道駅徒歩1分
敷地面積：　1,610㎡
用途地域：　商業地域（路線30m）・第1種住居地域・第3種高度地区
容積率：　　商業地域700%・第1種住居地域300%
建ぺい率：　商業地域100%（防火・耐火）
　　　　　　第1種住居地域60%＋10%（角地）＋10%（防火・耐火）
接道条件：　南東側40m・北東側3.5m・北西側4.4m（但し、北東側は6mに拡幅する）
建築規模：　延床面積6,000㎡前後。
構造形式：　自由。（木造、鉄骨造、ＲＣ造、混構造）
必要諸室：　多層型の現代美術館のプログラムを想定する。
　　　　　　展示室面積1,500〜2,500㎡確保（常設・企画）
　　　　　　ワークショップ・小ホール・ショップなども検討。
　　　　　　収蔵庫面積600〜1,000㎡確保。機械室面積10〜15%確保。
　　　　　　以上を目安にして、必要諸室と面積配分を決定。

東海大・学部2年後期・設計課題・2013

ウチとソトのあるイエ
Dwelling space with inside & outside

雨や風、暑さ、寒さから逃れるシェルターが、建築の原点である。気候の変化から身を守り、外敵からも身を守る。その答えとして、「建築」は存在している。壁や屋根によって、外部と内部の領域を分けることで、「建築」は成立しているのだ。つまり、建築を設計する行為とは、「領域」を決定する行為であると、言い換えられるだろう。

では、その「領域」はどうやって決めるのだろうか？「建築」と「彫刻」の違いは、「室内（インテリア）」の有無であるという考え方がある。外敵や暑さ寒さから守るという意味で、建築にとって「室内」をつくり出すことは重要な「目的」の1つである。しかし、完全に閉じてしまうと、光も入らず、外も見えない、陰鬱な空間となってしまう。だから、建築家たちは、窓や建具を用い、「ウチ」と「ソト」を 連続させようと腐心してきた。言い換えれば、「建築」の本質は、「ウチとソトを分けること」にあると言って良い。「ウチ」と「ソト」が明確に分けられ、そしてトイレ・風呂・キッチンなどの水回りや階段をそれらと連続させることができるなら、素晴らしいイエをつくり出すことができるだろう。

この課題は、「ウチ」と「ソト」いう領域の区分から、建築全体を考えていく行為を目的とするものである。建築にとって「ウチ」とは何か？「ソト」とは何か？そして「魅力的なウチとソトの関係」とは何か？を考えることによって、「ウチ」と「ソト」が魅力的に つながった「イエ」を考えてほしい。

敷地面積： 225m²（15m角の敷地）
建築条件： 魅力的な「ウチ」と「ソト」の関係を持った小住宅であること。
構造自由。階数2層以上。（階段でつながっていること）
接道状況や周辺環境は自由に想定して良い。
密集した住宅地でも良いし、自然に囲まれた場所でも良い。
周辺環境を十分に表現すること。
建築規模： 床面積70m²程度。
必要諸室： 2名以上で使う住空間であること。住宅として成立する機能を満たしていること。（他に依存しない）
敷地内のアプローチ・ランドスケープなどを必ず提案する。

Love
愛する

技術は全部教えられないけど姿勢は伝えられるから
I cannot teach all design techniques, but design attitudes, I can.

散らかったパーツを積み上げて壊してみたり、表からふと裏を考え始め、組み替え直してみたり、試行錯誤しながら何かを生み出すことの難しさを学んだ。在学中に建築の技術や視点を学んだが、答えにたどり着くまでの思考や設計する姿勢は知らないうちに受け取っていて今の私につながっている。
佐久間絵里（地方公務員／東海大吉松研5期生）

話すときは笑顔で
When speaking, smile!

プレゼン後に必ずといっていいほど言われた。年賀状にも書かれたほど…どんなにおもしろいことを考えていても、つまらなそうに見えたり、怒ってそうに見えたら誰もついてこない。多少ダメでも笑顔で楽しそうに話していたらみんなを巻き込める。今、障害者の方々とパラリンピックに向けた、ユニバーサルデザインのまちづくりにかかわっている。彼らの笑顔以上の言葉はないと、改めてこの言葉の大切さを感じている。
佐久間洋文（江東区職員／東海大吉松研4期生）

―愛する03―

人に愛されるものをつくりなよ
Make something to be loved by people.

ソウルでデザイナーをしていたころに貰ったアドバイス。当時私はなぜか日本の学校の社会人学生もしていて。そこでの研究のことをとても理屈っぽく考えていた。一緒にソウルを訪れ、街を歩きながら研究の相談をしていたら、「でもね、」と諭された。それが何であっても、ものを世の中に送り出すのだから、と。今でも、アートの制作でもデザインの仕事でもこれを自分に問いながらつくっている。
藤村憲之（UXデザイナー／Aラボ1～2期生）

Passage

—愛する04—

建築は100点取る必要はない　欠点があった方がおもしろい
It is not necessary to be perfect in architecture. It'll be interesting to have some imperfection.

学部当時は力の抜き方が分からずがむしゃらにやるしかなかったが、最近は建築に欠点があることのおもしろさを感じている。意識的につくったわけではない欠点がチャームポイントになったりもする。あるとき「僕は一生にひとつでいいから、自分が満足する、そしてみんなに愛される建築を設計できれば良いと思っている」と聞いた。自分もそんな建築を設計したい。それができたとき、愛される欠点がきっとあるんだろうなと思う。

重久京平（建築家／東海大吉松研5期生）

― 愛する05 ―

好きも才能のうち
Loving something is also one of your talent.

あまり多くはないが、好きかどうかと聞かれたら、好きだと答えられる。そう思えるようになったのも、学生時代に聞いたこの言葉からだった。「小学校のころとか、女の子がとにかく好きなやつとかいただろう？ それはね、もう才能なんだよ」——笑い話の中で建築とは関係ないように思って聞いていたけれど、今になって思うと当たり前過ぎるほど関係している。好きという感情は努力しても得られない。そして建築はそれがないと生まれない。
山下貴成（建築家・東海大非常勤講師／東海大吉松研3期生）

設計はうまくなる
Design skill can improve.

お世辞にも設計のセンスがあるといえない知人が、それでも建築が好きで設計が好きで、ずっと設計業務に従事していたらうまくなっていったという話の中に出てきた言葉。「修練は必須。いつか実を結ぶ」という意味で受け止めた。
外山明代（照明メーカー 企画・設計／東海大吉松研1期生）

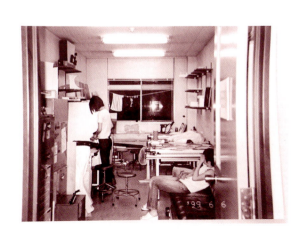

僕はこの見方で間違ってないと思う
I think there is nothing wrong about your aspects.

青山スパイラルビルの敷地での課題だったと思う。私は困って最初のプレゼンでOLさんにアンケート調査をした。それを発表した。ドラッグストアとか、ナンセンス。講評会での評価はイマイチ。そのときふっと私の机に立ち寄ったときの言葉。「建築ってひとつの答えがあるわけじゃないからね」人生にも当てはまる。ありがとう！！
向山いづみ（ハウスメーカー 設計／東海大岩田研）

―愛する08―

僕は教育だって立派な建築だと思っている
I think that teaching is also a magnificent architecture.

これは初めて怒られたときの記憶。親しい人から結構良いポジションの教職の推薦を得て「安定収入はおいしいな、でも教授会とかマジ面倒だな」とナメた気持ちで相談に行ったら、「そんな気持ちで来られたら学生も迷惑だ」「教育を通じて建築するつもりがないなら先生なんてやるな」とマジで叱られた。ぐうの音も出ない正論。はっきり言われてちょっとムカついたが、ちゃんと喝を入れてくれて、ほんと優しいアニキだと思った。
遠藤幹子（マザー・アーキテクチュア代表／Ａラボ２期生）

―愛する09―

熱量は人を惹きつける　建築設計を続けるには、まず熱い思いや努力が必要だ

People are attracted by amount of energy there. You have to keep your motivation and effort high, in order to continue designing architecture.

卒業設計の講評会のとき、力技で真っ二つに切断した1m×2m程の大きな断面模型をスライドさせると、覗き込むように見てくれた。僕は話すことが得意ではなく、器用でもないのだが、粘り強く情熱をかけて表現したものには、正面から向き合ってくれたことを覚えている。今でもこの言葉を思い出すと、もう一踏ん張りできる力が湧いてくる気がしている。

滝沢茂雄（建築家／東海大吉田研）

Passage

―愛する10―

イメージのあとの思い入れが必要　打ち破られないものが何か分かっているかどうか　好きな部分はなぜ好きか、嫌いな部分はなぜ嫌いか

You need to think after your first image, even though you know there are something that you cannot overcome. Think why you like what you like. Think why you don't like what you don't like.

卒業設計全体エスキースのメモ。思い浮かんだ素敵なカタチやプランのイメージに、人に何を言われても「打ち破られないもの」があるのか。それを補完する「思い入れ」があるのか。好きな部分、嫌いな部分の理由を明確にして、人に伝えるときの強度を上げなければ、人の心を動かす作品にならないことを伝えてもらったのだと思う。
横内浩史（ゼネコン 設計部／東海大吉松研4期生）

東海大・学部2年後期・設計課題・2015

代官山の境界を発見し、引き算することで場を描く
Find a border and map the future of Daikan-yama by urban subtraction

【デザイン】*
《絵画などの》下図［図案］を作る。《建築・衣服などを》デザインする，設計する。
《…を》計画する，立案する。企てる。《…する》つもりである。《…を》〔ある目的に〕予定する。
ラテン語「区画して描く」の意 (DE-+sign-, signāre「印をつける」)

デザインという行為は、「整理する」作業から始まる。それは条件を「整える」
ことだったり、バラバラな要素を「揃える」ことだったりするが、初期段階
ではそれだけでデザインの方向性が決まってしまうこともある。デザイ
ンとは、「モノ」をつくることが目的なのではなく「場」や「経験」や「生活」
を描くことが目的であるからだ。

この課題は、東急東横線・代官山駅から西恵比寿周辺を対象としてサーベ
イ（調査）を行い、そこで発見した境界をもとに、問題意識を見つけ、これ
からの代官山周辺をより魅力的にする、（一時的な）建築的提案を求める
ものである。

2013年3月の東横線渋谷駅〜代官山駅間の地下化に伴い、代官山と西恵
比寿はこの数年で劇的な変化を遂げつつある。線路によって分断されて
いたエリアがつながり、渋谷駅や恵比寿駅へと人が流れるようになって
きた。しかし、まだ木造密集地の名残もあり、高低差や今後の計画のため
にヴォイド（空白）になっている場所も多い。いわば、都市的な「引き算」
と「足し算」がバランスしている特異な街だといえるだろう。

この代官山をサーベイ（調査）し、「歴史」や「地形」に着目して、見えない
都市の「境界」を見つけ、都市を整理（引き算）することでこれからの代官
山と西恵比寿地区を良くする、一時的な建築やランドスケープを提案し
てほしい。

（注意）「休むための公園」や「自転車置き場」や「街の清掃」や「大規模な
都市改造」を求める課題ではない。サーベイ→分析→問題意識（発見）→
提案のプロセスを、自らの体験をもとに発展させることを目的とする課
題である。

敷地：	代官山駅〜西恵比寿周辺に各自場所を設定する。
建築条件：	建築的・都市的提案であること。
建築規模：	延床面積は特に規定しない。
必要諸室：	周辺環境との関わりに配慮した提案であること。
	新しいアクティビティ（行動）を発生させるために必要な機能を含むこと。

東海大・学部2年後期・設計課題・2015

ティーンエイジャーのための「図書館の
ようなもの」
Daikanyama librarylike architecture for teen-
agers

建築の設計において、public（公共）は欠かせない概念の1つである。社会
生活を行う上において、無意識に使用している施設全てに public（公共）
は存在している。この課題は、サーベイをした代官山で住宅と商業のエッ
ジに位置する敷地を選び、ティーンエイジャーのための「図書館のような
もの」を考えることで、公共の意味を問うものである。

現在の本は、文化の根元的メディアとして数百年の歴史を持っている。し
かし、この伝統的メディアは、iPhone や iPad などの普及に伴い、デジタ
ルメディアに急速に取って代わられつつある。現在の本が全てデジタル
メディアに代わると考える専門家は少ないが、その関係性は大きく変化
している。デジタルメディアに対してプリントメディアという言葉が使
われるようになり、流通システムもアマゾン（amazon.com）や iTunes
Store に代表されるように、急激な変化を遂げている。本屋も代官山蔦屋
書店（T サイト）のように、様々な機能・役割が付加されたメディアストア
へと変わりつつある。公共建築である図書館もまた、これまでの図書管理
を中心としたサービスから、新しい公共施設としての使命を考えなくて
はならない岐路にあり、最近では蔦屋書店に運営を任せた公共図書館が
論議を呼んでいる。

以上のような現状をふまえた上で、代官山にティーンエイジャーのため
の「図書館のようなもの」を提案し、これからの代官山に相応しい、都市
生活と公共施設の関係を記述してほしい。

（参考例）
武蔵野プレイス（川原田康子・比嘉武彦）　　　　　：図書館に市民センター機能を加えた公共施設
みんなの森ぎふメディアコスモス（伊東豊雄）　　　：図書館と交流センターが合体した公共施設
佐賀県武雄市図書館・海老名市立図書館　　　　　　：蔦屋書店に運営を委託した公共図書館
代官山蔦屋書店（クライン・ダイサム・アーキテクツ）：TSUTAYA が考えたこれからのメディアストア
The Seattle Public Library（Rem Koolhaas）　　：都心に建つ公園のような図書館像

敷地：　　　東京都渋谷区猿楽町
　　　　　　東急東横線代官山駅下車数分、または JR 渋谷駅南口より東急トランセ
敷地面積：　1,030㎡
建築条件：　構造自由。階数自由。地下可能。
　　　　　　（敷地には一部高低差があるが、無視しても良い）
建築規模：　延床面積1,500㎡程度。
必要諸室：　メディア機能、小ホール機能（100人）、展示情報機能、学習機能、カフェ＋
　　　　　　提案プログラム、管理機能100㎡（事務室、従業員控室、倉庫）、客用トイレ、
　　　　　　搬入出・荷さばき室100㎡、機械室100㎡（延床面積の7%）
　　　　　　駐車スペースは設けなくとも良いが、メンテナンス、搬入などのサービス
　　　　　　経路を考慮する。管理、サービスのスペースを確保し、周辺環境も含めた
　　　　　　ランドスケープ提案を必ず行うこと。

―愛する11―

いいね！
Good!

本質をクールに見極め、茶目っ気溢れるユーモアに何度救われあかりを灯してくれただろう。ゆっくりと記憶の中に情景が立ち上ってくる。気がつくと、満天の星空のように一つひとつが煌めいて特定の難しさを痛感する。イタリアから一時帰国の際、結婚パーティの司会を直前のお願いにもかかわらず快諾してくれ、素敵なたくさんの「いいね」で祝福してくれた。我々の感謝の気持ちはいつまでも変わらない。
宮川格（Ital Design Studio／東京藝大同期）

Passage

―愛する12―

ウフォフォフォ　かわいいよ
Ahahaha! She is very cute.

Aラボの部屋には、たまに娘の花ちゃんがいた。建築だの都市だのをわざわざ抽象化してメタレベルの思考を激しく促す彼なのに、一方で、隣りにいる花ちゃんを見る目はあまりにメロメロだった。花ちゃんと建築の間をつなぐものって、あるんだろうか？と思ったものだ。でも20年経った今、実感できる。抽象的思考は、感情の積み上げだけでは到達しない未来を花ちゃんに届けるために、必要なエンジンだったのだと。
馬場未織(NPO法人南房総リパブリック理事長・建築ライター／Aラボ3期生)

―愛する13―

子どもに遠慮しなくていい　元気な親の姿を見るのが一番いい
You don't need to hold yourself back with your child. It is best to show the posture of a happy mother.

母親になってから、出張することに罪悪感を覚えるようになった。今までは瞬発力で物事を決められたのに、それができなくなったのだ。私は親としていったい何をやっているのだろう。そんなとき、また背中が「ポン」とされた。きっと親の精一杯の姿を娘は頼もしいと思うだろう、親がもつ環境で娘の可能性を広げられるかもしれない。我慢するのではなく、元気な親の姿を見せて、娘に与えられるものを増やしていきたいと思うようになった。

狩野朋子（大学教員／東海大吉松研1期生）

Passage

―愛する14―

かわいい子には旅をさせるんだよ
Let cuties travel.

子どもが産まれて間もないとき、メールで仕事の近況報告をした。忙しい時期と重なって仕事と子育てを天秤にかけたような伝え方になってしまった。そのときはこれ以上のやり取りはしなかったが、きっと、まずは自分のことをしっかりやりなさいと言われたのだと思う。子どもはそういう親の姿を覚えていて、自分でやりたいことを見つけていくのだろう。
佐久間洋文（江東区職員／東海大吉松研4期生）

―愛する15―

好きになった人はずっと好きでいることにしている　うまくいかなくても嫌いになる必要がないから

I never dislike a person who I once loved. There are no need to dislike them even though something didn't work out.

むかしむかし、失恋したときに聞いて心がとても楽になった。憎しみ、嫉妬心の連鎖を断ち切れなかった私はこの言葉を聞いて妙に納得し、それからこう考えるようになった。男女関係なく、人を好きになるということはそういうこと、素直が一番。母親になって子どもから教わった愛情に少し似ているのかな、とも思う。「子どもはいろいろなことを教えてくれるんだ。人間はよくできている」。

中坪多恵子（アーキテクト／東海大吉松研1期生）

人にも自分にも素直に生きてきた
I am living honest to another people and myself.

実に素直な人だと思う。京都人の私などひねくれているので、とても恥ずかしくて言えないようなことをあっけらかんと、照れることなく堂々と言ってのける。少々無防備なんじゃないかと思えるくらい。構えることなく、反感を買うことも気にしない。人生で起こりうるすべてのことには、いろいろな側面があるはずだけれど、ほとんどのことを素直に肯定的に捉える。そして素直に感謝する。「僕は幸せだ」と。
村山順子（テキスタイル作家・大学教員／京都市立芸術大同期）

―愛する17―

あはは、本当、日本人じゃないねぇ1
Hahaha, you are really not Japanese. Part 1

人のコンプレックスはどこにあるのか、本人にしか分からないものである。人生の約半分を海外で過ごしてきた私にとっては学部生時代、言語的にも文化的にも必死に日本人になろうと努力していた。つまりこれは私にとってのコンプレックスである。でもそんなのお構いなしに容赦なく「あはは、本当、日本人じゃないねぇ」と、ことあるごとに言う。ここまでどストレートにしかも繰り返し言われると、逆に笑えてくるものだ。

あはは、本当、日本人じゃないねぇ2
Hahaha, you are really not Japanese. Part 2

オランダに留学していたころ、たまに日本人と会話していると、"Junko, you can speak Japanese!" とみんなは言う…なぜだ？当たり前ではないか。私は日本人だ！そして今いるシンガポールの職場で普通に会話していると、"Junko, you're not Japanese enough!" とみんなは言う…がーん。ここでもか。どこを見ている？湿気で少しボサボサだが、この黒髪が目に入らぬか？私はやまとなでしこだ！！どうしたことか「あはは、本当、日本人じゃないねぇ」別バージョンをどこにいても耳にする。

あはは、本当、日本人じゃないねぇ3
Hahaha, you are really not Japanese. Part 3

嘆いても無意味である。こうなったら開き直るしかない。"Yeah, I know. See, I'm Javanese!" ここでの方程式は：ジャワ島＋ジャパン＋人＝ジャバニーズ。そう、私はジャワ島生まれの日本人。だからこれを言うとみんな爆笑する。そしてグッとハートを掴むのだ。コンプレックスは笑いとともに手放す。「あはは、本当、日本人じゃないねぇ」これが私のCharm。
田村順子（シンガポール国立大講師／東海大吉松研1期生）

東海大・学部2年後期・設計課題・1994

環境を考える装置
Urban equipment for thinking environment

建築は、私達の周りにある空間を構成するもの全てを対象とする領域である。そして私達は、光や風、緑といった自然環境のみならず、情報がつくり出す環境についても考慮しなくてはならない時代を迎えている。

こういった現実をふまえた上で、自分自身にとってそして周りの人たちにとって、環境とは何かを考えさせる装置を設計してほしい。

環境装置に機能は特になくとも良いが、ストリートファニチャー、照明、バス停、キオスク、屋台などの機能を含んでいても良い。但し、環境装置は公共性のあるものとする。

敷地:　　　東海大学湘南キャンパスの敷地内。外部でも良いし建築の内部(ロビーなど)でも良い。環境を考えるに相応しい場所を選ぶこと。
　　　　　　想定した場所と理由を必ず設計概要に示すこと。
建築条件:　構造、素材は、自由。
　　　　　　複数の人間が自由に使えるものであること。
　　　　　　建築、工業デザイン、サウンドスケープなど表現のジャンルは問わない。
建築規模:　投影面積が2〜10㎡の装置とすること。

東海大・学部2年前期・設計課題・1998

「〜な家、〜るいえ、〜いイエ」
.....普通でない家
~ly house,~ry residence,~ic dwelling:
Un-ordinary house

共に住まう意味とは何だろうか？

働くことと住むことはどう違うのだろうか？

そういった意味を本質から考えるために、あなた方の日常において「普通でない」と思われる生活条件を設定し、そのテーマをもとに「住宅＋α」を設計しなさい。

敷地： 敷地は、7角の敷地を4つ自由に組み合わせたものとする。敷地の一辺に6つの前面道路が接道しているものとする。方位、傾斜などは自由に設定。

建築条件： 「〜な」「〜る」「〜い」にあたる形容詞、形容動詞などを最低1つ設定し、それをテーマとして、普通でない条件を想定すること。
例：固い、柔らかい、やさしくない、冷たい、透明な、働ける、くつろげない、つらい、かわいくない、ばらばらな、いっしょくたな、などなど。
構造、素材は、自由。
家族以外の同居人または住人が1人以上いること。

建築規模： 延床面積は200㎡以下、建築面積は自由。

―愛する18―

なんで締め切りを守るんだ？ 締め切りを延ばせば良いじゃないか
Why are you going to keep the deadline? Why not extend the deadline?

唖然とした。締め切りになんとか間に合わせて提出しなければと焦っていたときだった。約束を守る以外に選択肢がないと思っていた、ある意味堅物だった私の目から、ポロポロを通り越してボロっと鱗が落ちた瞬間だった。常識的に考えながらもときにはしぶとく交渉！どんなに小さくても世の中に出すものを甘く見てはならない！結局、締め切りもあっさり延長された。なんてこっちゃ。私の学生には教えないことにしているが…。

狩野朋子（大学教員／東海大吉松研1期生）

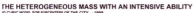
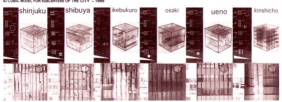

東海大・学部2年後期・設計課題・2007

場を発見し、デザインする
Shimokitazawa urban renovation
Find urban spot and design it

【デザイン】*
〈絵画などの〉下図［図案］を作る。〈建築・衣服などを〉デザインする、設計する。
〈…を〉計画する、立案する。企てる。〈…を〔する〕つもりである。〈…を〕〔ある目的に〕予定する。
ラテン語「区画して描く」の意（DE＋sign-, signāre「印をつける」）

私達は都市の中でひとりで生きているわけではない。様々な人に支えられ、支え合いながら生きている。建築もまた周辺環境との呼応のもとに建っている。同時に、私達の生活は、都市環境に対して少なからず影響を与え続けてもいる。都市から与えられる様々な情報によって、私達の生活も建築もはじめて成立しているのだ。従って、建築を設計する行為には、ただ建築単体を考えるだけではなく、その建築が置かれる周辺環境を読み解き、それらに対する問題意識を持った上で提案を行っていくことが求められている。

この課題は、周辺環境を知り、問題発見をし、その解決として建築的提案をする、いわば「都市との会話」を目的としたものである。ただ現象として都市を捉えるだけではなく、情報やアスファルトを剥がせば地形があり、道に至った経緯があり、人が集まる理由があることなどを考えてほしいし、そうなる準備ができていた歴史にも気づいてほしい。また、都市の中に埋没している魅力を再発見することも期待している。そのためには、今までとは違う評価軸を持って、都市を眺めなくてはならないだろう。「都市の記憶」を呼び覚ますようなアイデアもあるだろうし、都市の中に潜む「私性」に着目するアイデアもあるかもしれない。より新鮮な目で都市の魅力を見つけ出してほしい。

大がかりな都市改造を求めているわけではない、ほんの少しの変化を現状の都市に加えることで、私達の都市体験を揺り動かしたり、都市との会話を増幅させたりしてほしいのだ。自分で探し出した都市の「場」に、新たなアクティビティを起こさせる、小さな魅力あふれる提案をし、その都市の「場」をデザインすることが求められている。

下北沢駅周辺をサーベイし、その都市の「すきま」「余白」「境界」などの「場」を見つけ、その分析から問題意識を発見し、それらに対する解決策を建築や環境装置として提案する。それは小さな小さな建築かもしれないし、都市のインスタレーションのようなものであるかもしれない。再開発に揺れる下北沢の「場」を魅力的に変容させるアイデアを自由にプレゼンテーションしてほしい。

敷地：　　　下北沢駅周辺に各自場所を設定する。
建築条件：　建築的都市的提案であること。
建築規模：　延床面積は特に規定しない。
必要諸室：　周辺環境との関わりに配慮した提案であること。
　　　　　　新しいアクティビティを発生させるために必要な機能を含むこと。

うーん、B＋！ 設計をしなさい デザインをしなさい 何になりたいの？

Well, B +! Do your design. Design! What do you want to be?

初めて設計した公共建築を見てもらったときの評価がB＋。仕事に恵まれ、忙しいことを言いわけに、自分でも、もう少しできたはずと思いながら竣工した作品。指摘されたのは、まさにそうしたポイントばかりで、あわせて、きちんと設計に向き合い、デザインをしなさいと言われてしまった。「何になりたいの？」とも。目指していた「建築家」としての姿を改めて見つめ直し、一つひとつの作品に向き合うことの大切さを思い出した。

番場俊宏（設計事務所主宰・東海大非常勤講師／東海大吉松研1期生）

会社をやめたら?
Why don't you quit the company?

社会に出てから、何度か言われた。仕事が向いていないかも…ズンッと気が重くなった。同様のコメントは楽しく仕事している人にもあった。きっと誰に対しても今の環境に満足して留まるのではなく、進化してほしいことを効果的（刺激的）に伝えているのだと思い直す。これを言われたら、前にズンッと進化を目指したい。

宮本明日香（マーケティングプランナー／東海大吉松研4期生）

—愛する２１—

おまえら破門だよ、破門！
You guys are disowned!

学部4年前期の研究室課題であるデザイン研究の中間発表に、ほぼ手ぶらで臨んだ僕らは破門となり、研究室出入禁止となった。おかげで二人の絆は深まり、強い結束のもと、それなり（？）のデザイン研究が提出できたと記憶している。今でも「破門って何よ？ 酷過ぎだよねーっ」と、毎年会って笑える人生の友に出会えたのは、このご指導（破門）のおかげだと深く感謝している。

篠塚正博（不動産会社／東海大吉松研1期生）
後藤壮大（設計事務所代表／東海大吉松研1期生）

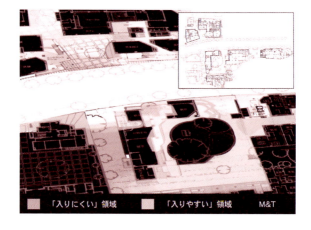

「入りにくい」領域　　「入りやすい」領域　　M&T

Passage

— 愛する22 —

起きろ! 掃除しろ! 掃除ができない奴は設計できないんだよ!
Get up! Clean up! Who can not clean up, can't design.

藝大2年生のときの住宅設計課題、エスキース日の朝。徹夜の真似事をしながら製図板に突っ伏していた我々は、この怒鳴り声で飛び起きた。慌ててゴミを掃き机を並べて授業の準備をする。同時に寝不足のこんがらがった思考もスッキリしたような気がした。以来、掃除と設計は連動した行為だと信じ続けている。25年が経ち、自分が教員になった今、迷うことなく同じ言葉を学生に言っている。
助川剛（中国美術学院建築設計学院教授／東京藝大スタジオ）

―愛する23―

僕ではなく、君のオススメのアングルが見たい
I'd rather see your own angle than my own.

私は設計者であると同時に建築写真を撮るプロのカメラマンである。カメラマンとして、最新作「司化成工業つくばテクニカルセンター」の竣工写真を撮らせてもらい最終セレクトをお願いしたときの一言。押さえるべきアングルではなく、私にしか撮れないワンカットを求められた。
井上玄（建築家・東海大非常勤講師／東海大吉田研）

―愛する24―

欠点やうまくいかないところを指摘するのは簡単なんだから、良いところ、可能性とか伸びしろを引っ張り出せるようなコメントをして
It is easy to point out the disadvantages and the points that do not go well, so make a comment that will allow you to pull out the good points, the possibilities and the growth of potential.

非常勤初めての年から10年間、ミニ講評などの場面で講師が自由にコメントさせてもらうのではなく、無作為にコメント指名が降ってくるスタイルは、緊張感満載で講師というより生徒の気分でいつもドキドキしていた。「少しでも意味のあるコメントをしないと！」と気張り、改善ポイントを突くばかりになりがちだったところに言われた言葉。指導方法だけでなくアイデアへの対峙の仕方という意味でも鍛えられた。
木島千嘉（建築家／元東海大非常勤講師）

―愛する25―

でも藤村は、そこが良いのに！
But you are good there!

99％の肯定と、的を射た質問で、指導されていると思わないうちに相手が成長してしまっている。そんな風に若者と接しているようである。一緒に話していると自分を信じる力がつくのだ！これは、とあるコンペで審査員からいただいた否定的なコメントをそのまま次への改善ポイントだと思って鵜呑みにしていた私がもらった言葉。
藤村憲之（UXデザイナー／Ａラボ１～２期生）

―愛する26―

ご両親が悲しむよ
Your parents will be sad.

修士課程を出奔し、建築とは無関係のエンターテインメント業界を私は目指した。そんな私が建築道に残るよう熱心に諭された際に貰った言葉。けれど血気盛んな若者には、かえって耳障りな言葉として響き、含まれた温かさが理解できるには、自分自身が親になるまで時間がかかった。そして教える立場として人と接する機会を得てから、この言葉を引用する機会もあるわけだが、大抵、それはやはり通じないのである。
松岡恭太（CGプロダクション代表／Ａラボ3期生）

―愛する27―

できると思うよ！
I think you can do it!

研究室在籍時、「できることを積み上げていく」と指導がある中、私は「不安」を積み上げた。焦るばかりの姿を見兼ねて「信頼」として、もらった一言。潰れそうで苦しいとき、サラッと伝えてくれる姿も印象的だった。押し過ぎないのがいい。その伝え方は、不安にかられるとき、自分とプロジェクトメンバーに応用している。今は結果にもつながっている。
宮本明日香（マーケティングプランナー／東海大吉松研4期生）

東海大・学部3年前期・設計課題・2005

都心に建つ企業スタイルを表す多層建築のあり方
Multi layered architecture as a corporate style building

20世紀が獲得した最大の建築的発明の1つに「多層建築（高層ビル）」があげられるだろう。図書館・美術館・学校といった機能によって類型化された旧来の建築タイプとは異なり、「多層建築」のみが都市とのかかわり合いによってつくり出された新しいビルディングタイプであるからである。多層建築の機能は、一般的にオフィスであるが、この機能もまた20世紀の産物の1つであると言って良い。

こういった認識をふまえて、この課題では銀座中央通りに面した敷地に、想定した企業のスタイルを表す多層建築を考えてもらいたい。ここでは、周辺都市環境との関係性、低層部の足元周りの計画、構造と計画の整合性、企業を想定した建築企画立案とそのデザイン提案などが求められている。企業スタイルを建築で表すことは、ほかの建築との違いを意識することである。同様に、敷地の条件や計画の条件を考えることは、ほかとの差異を測ることにほかならないし、デザインすることもまた、他者との違いを表現していくことでもある。ガラスの箱ではない、新しい多層建築のあり方を提案してほしい。

敷地:	東京都中央区銀座　東京メトロ銀座駅徒歩7分　JR新橋駅徒歩5分
敷地面積:	702.8㎡
建築規模:	延床面積7,000㎡前後。
構造形式:	自由。（鉄骨造、SRC造）
高さ:	地下1〜2層、地上10〜15層。（最高高さ60m）
施設内容:	低層部分：地下1階〜5階は、選定した企業スタイルに関連した商業スペースを各自設定。ギャラリー・ショールーム・カフェなど中・高層部分との関連を考慮する。
	中層部分：レンタブル比75％前後の基準階を持つオフィススペース等を設定。各自が想定したキーテナント1社が使用する自由提案。（文化施設・レストラン・ゲストハウスなど）
	機械室：延床面積の7〜10％確保。
駐車場:	敷地外で確保するものとするが、搬出入動線や駐車スペースは確保する。
EV:	台数を資料集成などから想定する。必要な場合は、搬出入用のEVも1台設ける。
階段:	避難階段として区画された直通階段を2つ以上設けること。

以上を目安にして、必要諸室と面積配分を決定。

―愛する28―

バカじゃないのか？
You are foolish.

他人が何か失敗しても、理解不能なことをしても、「バカじゃないのか？」の一言。でも、相手をあげつらって具体的に攻めるわけではない。「バカじゃないのか？ククククッ」と、嬉しそうに笑ってフォローしたりする。ただし女子に限る。
村山順子（テキスタイル作家・大学教員／京都市立芸術大同期）

Passage

―愛する29―

バカだなーは愛情表現なんだよ
Being ridiculous is an expression of love.

まだ、みんなが何者でもなく純粋に楽しかったころ、「バッカだなー」と笑いとともに連発していた。数学の試験でカンニングをさせてとお願いしたとき「答案をそのまま写したらバレるからダメだよ」と言われて、見せてもらった答えの意味が解らず、早々に教室を退場…そして「ホントにバッカだなー」。住んでいた東京藝大の男子寮に、女子4人＋男子1人で押しかけ、その夜は泊めてもらい、みんなで雑魚寝…みんなに「バッカだなー」。社会人となり、磯崎アトリエ時代、たぶんとてもハードな日々を過ごしていたのに、突然「泊めてー」と非常識なお願い…深夜に「バッカだなー」。そしてこの歳になり、久々に「バッカだなー」を聞いて、「懐かしー」と笑ったら…「バカだなーは愛情表現なんだよ」。

重谷良子（パパ・ピエール［花屋］主宰／京都市立芸術大同期）

―愛する30―

建築続けたから幸せになれたんだ
Because you continued architecture, that is why you became happy.

今まで紆余曲折あったが、アトリエでしごかれてボロボロの精神状態のときも優しい言葉をかけてくれて、音信不通になったときも「鈴木は生きてるのか？」と心配してくれた。建築しか見えなくて、諦めることもできない、出来損ないの私をいつも温かく見守ってくれた。バージンロードで目があったとき、やっぱり涙が出た。今でも建築に迷いがある。迷って迷って迷い抜く。そんな私に「建築続けたから幸せになれたんだ」——我が子の寝顔に癒される今が一番幸せだ。
鈴木敦子（設計事務所代表／東海大吉松研1期生）

Passage

―愛する31―

君たちが頑張って幸せになってメールをくれるのが僕の元気の素

Your mail about your happiness based on your effort gives me a base of my energy.

卒業後にメールで近況報告をした際にもらった言葉だ。学生時代は事務的なメール送付さえも緊張し、返信がきて開くまでの間はドキドキ、内容を確認しては一喜一憂していた。このときも建築の実績や良い報告でもなかったのでドキドキしていた。いろいろな環境で頑張っていればそれで良いと言ってもらえているようで嬉しかった。今は建築設計から少し離れたところにいるが、頑張って良い知らせがあるときは報告したいと思う。
尾崎友美（アウトソーシング会社／東海大吉松研5期生）

―愛する３２―

大学辞めちゃうの？？　除籍候補に名前があったよ
Are you leaving the university?? Your name is among the list of students for deletion.

なんで聞いてくるの？父親に自分の奨学金使われちゃって学費払えないなんて言えないよ！！私は少し怯えた顔をしていたと思う。学費のことで10円ハゲもできてた。そのとき本当に素直な気持ちで聞いてきたんだよね。ただそれだけ。当時建築学科は一学年約260人いた。私、覚えられていた。コレが真実。
向山いづみ（ハウスメーカー 設計／東海大岩田研）

―愛する３３―

あのときのワカメのスライドは忘れないよ（笑）
I always remember a slide of the seaweed. (lol)

卒業して何年か経ったときの言葉だ。東京デザインリサーチをどうまとめようかと悩みに悩んだ結果、「密度溢れるエネルギッシュな東京」と「乾燥ワカメが器から溢れ出ていく写真」を並べて発表した。「おもしろかったけど、どう設計に活かせるか分からないな」と言われ、好評で良かった半面、先が見えなくて複雑な気持ちだった。あのときはただただ必死だったが、でろっとしたワカメで一矢報いていたなら、それは僕の武勇伝だ。
重久京平（建築家／東海大吉松研5期生）

―愛する34―

研究室が違っても気軽においで
Even if your laboratory is different, feel free to visit me.

学部3年の所属研究室を迷っているときに、直接「吉田研」、「吉松研」どちらに行くべきかを聞いた。設計の授業では厳しい先生が、悩んでいる私に優しく勇気をくれた一言。
井上玄（東海大建築家・東海大非常勤講師／東海大吉田研）

―愛する35―

ほかの学生と同じく本気で取り組むなら参加しても構いません
If you work seriously like other students, you can participate.

研究室での対話はどれも重要な経験であったが、何より1年の留年期間に、たった一言で拓いてもらえた環境に、今の自分がつくられたと思う。
齋田武亨（建築家／東海大吉松研3～4期生）

―愛する３６―

僕は幸せな先生
I am a happy professor.

1年間海外で生活することになり、久々に相談した際の一言である。卒業から10年後の出来事であるが、何年経っても相談しに来てくれることが嬉しいと言って、この言葉をつぶやいた。「長い旅行だと思って楽しんで行っておいで」と、笑顔で優しく背中を押してくれた瞬間に心が軽くなったのを今でも覚えている。その1年間の経験は一生の宝物となった。いくつになっても温かく見守っていてくれる人がいる、私こそ幸せな学生だと思う。
平澤暢（駅商業開発／東海大吉松研1期生）

Passage

―愛する３７―

僕は本当に幸せな先生だと思う
I think that I am a really happy teacher.

これは必ずと言っていいほど毎回メールにある言葉である。この言葉に嘘が感じられないのは、私だけではないだろう。そして、こう言える人がどれだけいるだろうか。その後ろ姿を見て育ったのは、娘の花ちゃんだけではなさそうである。

中谷文香（建築設計／東海大吉松研3期生）

東海大・学部3年前期・設計課題・2001

相互作用を考える
都心に建つ芸術文化交流施設

Interaction
Arts and cultural exchange center

近代社会の特徴的な機関の1つであり続けてきた美術館に、大きな変化の波がおそっている。その1つに、今までスタンダードとされてきた展示モデルの見直しがあげられる。ビエンナーレやトリエンナーレ、アートプロジェクトや、web上で展開するデジタルミュージアムなど、美術館という枠を越えた様々な展示空間も既に珍しくない。社会そのものの変容と重なりながら、その属性（スタイル）を変容し続けている芸術表現に、従来の美術館という場が対応できなくなっていると考えて良いだろう。

近年、欧米では、新館建設や大改修工事を含め、大規模な展示の組み替えや組織の更新が進行している。日本国内では、厳しい経済状況の中デパート系美術館が相次いで閉鎖され、省庁・自治体の組織改編の一環として公立美術館・博物館の民営化・独立行政法人化が進行中である。また美術館の内部では、利用者の自発的な活動を誘発するプロジェクト型の企画運営が模索されている。例えば、モノを見せるのではなくコトを体験させるワークショップ、地場産業との共同プロジェクトなどによる新しいローカリティの創出、館外からもアクセス可能な文化芸術情報のアーカイブ化とネットワークの整備などを挙げることができる。

この課題は、従来の美術館という概念を拡張し、新しいタイプの芸術文化交流施設のあり方を探るものである。「人間が人間自身について省察を深めるための知と情報の集積」という古来以来ミュージアムが果たしてきた始源的な機能に立ち返り、その現在的な姿を問いたい。そこには、もはや予定調和的な美しい全体像は求められない。代わって、絶え間ない情報の流れは不可欠であろうし、利用者の知的好奇心の変様に柔軟に対応できる仕組みが求められよう。

敷地：	東京の副都心（新宿・渋谷・池袋・上野・秋葉原・臨海）の中からグループワークにおいて、新しい芸術文化交流施設に相応しい敷地を決定する。
建築規模：	延床面積3,000㎡前後。
構造形式：	自由（木造、鉄骨造、ＲＣ造、混構造）だが、必ず説明のつくように設定をすること。
必要諸室：	グループワークにて決定する。機械室の面積を10〜15%確保すること。

東海大・学部2年後期・設計課題・2016

ヤネのあるイエ・リツメンのないイエ
寸法を操作して領域をつくる
Dwelling space without elevation by roofs

雨や風、暑さ、寒さから逃れるシェルターが、建築の原点である。気候の変化から身を守り、外敵からも身を守る。その答えとして、「建築」は存在している。屋根や壁によって、外部と内部の領域を分けることで、「建築」は成立しているのだ。つまり、「建築を設計する行為」とは「領域を決定する行為」であると言い換えられるだろう。

では、その「領域」はどうやって決めるのだろうか？外敵や暑さ寒さから守るという意味で、建築にとって「室内」をつくり出すことは重要な「目的」の1つである。しかし、伝統的な日本家屋では内部と外部は一体として考えられ、建具によって曖昧に、そして可変的に使われてきた。だから、日本の現代建築家たちは、内外や上下の「領域」を様々に連続させ、曖昧にしようと腐心してきた。

「壁」から考えなくても、「ヤネ」の位置や寸法を操作することで、多様な「領域」をつくり出せるかもしれない。内外をつなぐ建具を開放すれば、庭と建築が一体化した、リツメンのない空間を考えることもできるだろう。

この課題は、通常住宅で使われる寸法を学び、それらの寸法を操作することで、様々な「領域」をつくり、内部と外部が溶け合った魅力的な「イエ」をつくり出すことを目的とするものである。建築にとって「ヤネ」とは何か？「領域」とは何か？を考えることによって、魅力的な「リツメンのないイエ」を考えてほしい。

敷地面積： 144㎡（12m角の敷地）
建築条件： 魅力的な「ヤネ」と「領域」の関係を持った小住宅であること。
　　　　　 家族ではない2名で使う住空間であること。
　　　　　 住宅として成立する機能を満たしていること。（他に依存しない）
　　　　　 構造自由。階数2層以上。（階段でつながれていること）
　　　　　 敷地内のアプローチ・ランドスケープなどを必ず提案する。
　　　　　 接道状況や周辺環境は自由に想定して良い。密集した住宅地でも良いし、
　　　　　 自然に囲まれた場所でも良い。但し、周辺環境を十分に表現すると。
建築規模： 延床面積70㎡程度。

吉松さんのことども

吉松秀樹さんから頂く年賀状では、ご本人と奥様の山家京子さん、それにお嬢さんの花さん各々の一年の活動報告みたいなものがいつも書いてある。何年前か覚えていないが、お二人の結婚式にも呼んで頂いたけれど、それ以前からも、大学院の大谷幸夫先生の研究室と磯崎新さんの事務所の10年後輩とずっと知っていたわけで、短くはないおつきあい。独立してからも『メタボリズム』（INAX 1997）を共著で出したり、熊本の宇土マリーナのプロジェクトや、ダムで水没して今は名前も変わった広島の三良坂町のプロジェクトのお世話をしたり――といっても、後者は押しつけたようなものだったけれども、快く受けてもらった――いろいろと仕事上のおつきあいも続いた。ということもあって、実際に会うのは二、三年に一度でも、結構吉松ファミリーの動向は良く知っている気になっている。

年賀状の件に戻るけれども、2017年のそれには、「秀樹：研究室のOBOG会に150人集まり感激」、とある（そういえば「秀樹、感激ぃ」というのがほかにもあったような‥‥？）。150人は大きな方の吉松ファミリーだ。この語録に収められた個々の発話の「瞬間」に触れて、人生を紡いでいく方向を多少なりとも変えられたであろう人々の集まり。「感激」は「語録」と裏と表の関係だろうし、彼らのコメント（返歌？）がつけられたこの語録集も、この拡大ファミリーのひとつの形なのだろう。形も大きさも変えていくファミリーの。

僕も、吉松さんと同じく、建築家の実務にも、他方教育の現場にも携わった人間で、だからこの吉松「先生」の感激は良く分かる。教員の仕事は学生の軌道を少し変更・加速してやることだけど、一つひとつの場面は個別のものなので、それが集められた時の教師はとってもハッピーだからだ。建てた建築とユーザーの関係がうまくいった時の感じと似ている。だが、それはみなさんが何年にも亘って築いてきたものに違いない。ほかのどの人のそれとも違う、吉松さんの足跡や息遣いやジェスチャーが刻み込まれた、時間と空間が取り結ぶ結界みたいな本だ。それをいった時の彼の人なつこい表情が思い浮かぶようだよ。だからこの「語録」はファミリーが呼び交す「言霊」の森かもしれない。ちょっと、格好よくいい過ぎ？でもいいよね。参加したみなさんのお気持ちを考えたら、いい過ぎなことはない。

「ことば」は人と人を繋ぐ。発されたことばは、その時々の瞬間的なコミュニティをつくる。「教育」とはソクラテスの昔からそういうものだ。ソクラテスはアテネのアゴラを「ことば」で満たして、人と街を繋いだのだろう。21世紀の現在だって、「建築」や「空間」もそうでありたい。本当は、僕個人は幾分懐疑的なんだけど——そんな手応えは実際なかなかないし。でもいつだってそう思いながらデザインするし、発言もしてきた。みんなそうじゃないか？だけど、この語録を見せて頂くと、吉松さんはそれに対する信念というか想いがきっと僕よりも強いんだろうなぁという気がする。こんなに見事な語録が自分の場合には可能だったかといえばいささか心許なくて、ちょっぴり羨ましい。ふうん、吉松坊（ご本人はもちろん知らないが、いつまでも童顔を残す吉松さんのことを、僕は時々陰でそう呼んでいた。ご免よ）、いうもんだねぇ、いい先生じゃないか、ほんとに。

　　　　　八束はじめ（建築家・建築批評家・芝浦工業大名誉教授）

吉松秀樹

1958	兵庫県神戸市生まれ
1977	私立灘高等学校卒業
1977-1978	京都市立芸術大学美術学部造形コース彫刻専攻
1982	東京藝術大学美術学部建築科卒業
1984	東京大学大学院工学系研究科都市工学専攻修士課程修了
	(大谷幸夫・渡辺定夫研究室にて都市設計論を専攻)
1984-1987	株式会社磯崎新アトリエ勤務
1987-1991	東京藝術大学美術学部建築学科文部教官助手
1991	有限会社アーキプロ設立
1991-1994	国立音楽大学音楽デザイン学科非常勤講師
1994-1998	東海大学工学部建築学科非常勤講師
1994-2007	灰塚アースワークプロジェクトコーディネーター
1995-1999	Aラボ設立・運営
1996	日米国際文化交流プログラム参加アーティスト(フロリダ)
1996-1999	千葉大学工学部建築学科非常勤講師
1997-2002	インターメディウム研究所講師
1998-2004	東海大学工学部建築学科助教授
2002-2017	日本女子大学家政学部住居学科非常勤講師
2004-	東海大学工学部建築学科教授

著者一覧（五十音順）

●東海大学

吉松研究室1-5期生
石井智(079, 132)
伊藤圭介(072, 133)
伊藤州平(028, 050, 091)
稲坂晃義(018, 106)
上松瑞絵(122)
上村育美(048)
海老沢有吾(098)
大嶽洋一(110)
尾崎友美(197)
狩野朋子(041, 076, 085, 140, 176, 184)
木内里美(021, 045, 134)
岸大介(104)
北原左都子(056, 078)
後藤壮大(188)
小林寛子(130)
齋田武亨(040, 199)
齋藤敦(016, 044, 068, 080, 099, 132)
佐久間絵里(025, 076, 135, 162)
佐久間洋文(088, 163, 177)
重久京平
(019, 032, 066, 131, 136, 165, 198)
篠塚正博(188)
首藤愛(017, 024, 047)
菅原麻衣子(030, 108)
鈴木敦子(196)
武田清明(058)
田村順子(042, 077, 180, 181)
樽見優希(030)
時田隆佑(051)
外山明代(018, 059, 167)
中坪多恵子(073, 092, 124, 141, 178)
中村かな子(127)

中谷文香(011, 020, 049, 067, 201)
七海毅(019, 133)
野口直人(046, 125, 137)
長谷川倫之(055, 062, 083)
濱田健吾(075)
原真人(012, 028, 070, 089, 109, 126)
番場俊宏(082, 090, 186)
平澤暢(029, 079, 084, 200)
真島佑介(078, 109)
宮本明日香
(044, 054, 128, 142, 187, 192)
村竹真純(108)
山下貴成(008, 010, 032, 034, 166)
横内浩史(080, 103, 171)
若杉大輔(129)

他研究室
井上玄(054, 152, 190, 199)
岡本隆史(065)
白子秀雄(060)
滝沢茂雄(029, 037, 170)
田島孝通(071)
西田美和(074, 130)
花田茂(110)
向山いづみ(131, 168, 198)

●Aラボ
遠藤幹子(093, 120, 121, 147, 169)
河内一泰(026)
中村拓志(069)
馬場未織(175)
福屋粧子(027, 100)
藤村憲之(013, 055, 094, 144, 164, 191)
松岡恭太(144, 191)

●友人
足立裕彦(102)
泉谷浩三(156)
磯貝眞男(119)
風間龍太郎(157)
加藤晴男(156)
岸本和彦(014, 153)
木島千嘉(190)
城戸崎和佐(118)
木村明彦(155)
佐々木龍郎(148)
重谷良子(195)
篠原聡子(036)
助川剛(189)
高橋真奈美(101, 146)
武田右左(155)
蜂屋景二(115)
平田真由美(146)
古見演良(157)
堀井義博(149)
前田道雄(009, 035, 052)
松本佳絵(154)
馬渡誠治(153, 154)
宮晶子(114)
宮川格(174)
村山順子(147, 179, 194)
八束はじめ(204, 205)

( )内は掲載ページを表す

手で考える ― 吉松秀樹の言葉
Think by hands - Hideki Yoshimatsu sayings

発行日	2019年11月25日　第1版発行
著者	吉松秀樹　八束はじめ　他85人
編集	吉松秀樹／中坪多恵子／狩野朋子／平澤暢／宮本明日香／齋藤敦 野口直人／海老沢有吾／浅野まなみ／佐久間絵里／板部奈津希
編集協力	田村順子／番場俊宏／首藤愛／山下貴成／谷章生／宮澤祐子 石田志織／北澤諒／稲谷彩子／澁谷年子／澁谷和馬／内田恭平 増井裕太／増田裕樹／野川果里／関口朋実／若月優希／大沼由実 出澤雄太／小松祐太／小野里紗／丸山紗季／山川夏輝／内藤もも(学年順) 山口紗由／遠藤幹子 株式会社フリックスタジオ(高木伸哉／石田貴子／田畑実希子)
英訳	稲坂晃義／木内里美／武田清明／北澤諒／吉田圭吾／稲谷彩子／王欣
デザイン	吉松秀樹／中坪多恵子／上松瑞絵
ディバイダー写真	岡本隆史
印刷・製本	藤原印刷株式会社
発行	『手と足で考える』出版実行委員会(吉松秀樹研究室OBOG会) info@yoshimat.com
販売	株式会社フリックスタジオ 〒107-0052　東京都港区赤坂6-6-28-6B　TEL 03-6229-1503(販売部)

ISBN978-4-904894-46-0
©2019, Hideki Yoshimatsu

本書掲載内容を著作権者の承諾なしに無断で転載(翻訳、複写、インターネットでの掲載を含む)することを禁じます。
All rights reserved. No part of this book may be reproduced or utilized in any form or by any information storage or retrieval system, without prior permission in writing from the copyright holders.